Nahe zu Gott – Nahe zu den Menschen

Fritz Nicolaus

Nahe zu Gott
Nahe zu den Menschen

Stammapostel Wilhelm Leber Ein Porträt

BV

„Aber du wirst für immer unser Stammapostel bleiben.“

Stammapostel Jean-Luc Schneider bei der Ruhesetzung
von Stammapostel Wilhelm Leber an Pfingsten 2013

Vorwort

Stammapostel Wilhelm Leber macht um seine Person kein Aufhebens. Warum soll also ein Buch diesen bescheidenen Mann in den Mittelpunkt rücken? Nicht allein, weil er Stammapostel ist. Nicht allein, weil er das Amt auf besondere Art ausgefüllt hat. Sondern auch, weil er ein ganz besonderer Mensch ist.
Deshalb versteht sich dieses Buch weniger als eine Biografie denn als ein Porträt – zusammengesetzt aus vielen einzelnen Pinselstrichen. Beigesteuert haben diese Pinselstriche viele Weggefährten, Freunde und Familienangehörige. Für ihre Offenheit und ihr Vertrauen sind wir dankbar. Denn die Erfahrungen, die sie mit uns teilen, zeichnen die Nahaufnahme eines Mannes, der Nähe sucht und Nähe schafft.

Fritz Nicolaus

Danksagung

Wir danken folgenden Interviewpartnern (in alphabetischer Reihenfolge):

Hirte Ernst Bischoff, Frankfurt a. M.
Bezirksapostel Armin Brinkmann, Dortmund
Schwester Brigitte Escher, Voerde
Stammapostel Richard Fehr †, Zürich
Schwester Sabine Fries, Hamburg
Bezirksältester Fritz Göller, Hamburg
Evangelist Urs Hürlimann, Zürich
Bischof Peter Johanning, Bielefeld
Bezirksapostel Wilfried Klingler, Hannover
Bezirksapostel Rüdiger Krause, Hamburg
Schwester Christa Krüger, Herford
Apostel Volker Kühnle, Stuttgart
Schwester Bärbel Leber, Buchholz
Bezirksapostel Wolfgang Nadolny, Berlin
Bischof i. R. Gerhard Nerre, Hamburg
Bezirksältester i. R. Rudolf Nerre, Hamburg
Evangelist Jan-Peter Rohloff, Hamburg
Schwester Christine Schulmann, Zürich
Bezirksapostel i. R. Karlheinz Schumacher, Bremen
Bruder Erich Senn, Zürich
Bezirksapostel i. R. Hagen Wend, Frankfurt a. M.

Wir danken den Gebietskirchen und ihren Fotografinnen und Fotografen für das Bildmaterial, das sie dem Verlag zur Verfügung gestellt haben.

Das Buch wäre nie zustande gekommen ohne die vielen ungenannten Helferinnen und Helfer in den Gebietskirchen. Auch ihnen gilt unser besonderer Dank.

Einen herzlichen Dank auch an Christa Lüdke, die unermüdlich die Interviews zu mehr als 300 Seiten Text verschriftete.

Inhaltsverzeichnis

Köln 2012

Namibia 2011

Düsseldorf 2009

Pfingsten 2013

Sie kamen langsam und leise und sorgten zunächst für Stirnrunzeln. Rund 50 junge Geschwister aus Norddeutschland und Großbritannien „enterten“ am Pfingstsamstag, 18. Mai 2013, den großen Speisesaal eines Hotels in Hamburg. „Flashmob“ nennt sich eine solche Aktion auf Neudeutsch: Eine Gruppe von Menschen taucht blitzartig irgendwo auf und genauso schnell wieder ab. **... >>**

*„Ich will immer für euch alle da sein.
Ich werde mich bemühen, alle Dinge in der Liebe
unseres Senders Jesus Christus zu regeln."*

Wilhelm Leber

oben: Das Abschiedskonzert für Stammapostel Leber in der Laeiszhalle in Hamburg
unten: Die Apostelversammlung 2013

Auf ein unsichtbares Zeichen hin stimmen die Jugendlichen einen alten Song an: „Stand by me“, das bedeutet so viel wie „Bleib bei mir, bleib an meiner Seite“. Das Lied gilt Stammapostel Wilhelm Leber, der mit den Aposteln Europas und allen Bezirksaposteln beim Abendessen sitzt. Doch mit Sitzen ist es jetzt vorbei, zumindest bei Stammapostel Leber. Er steht, lacht, klatscht, bewegt sich zur Musik. So wie die Jugend ihn erlebt hat – beim Europa-Jugendtag 2009 in Düsseldorf oder bei einem Jugendtag in einer Gebietskirche.

„Stand by me“ – das singen die Jugendlichen nicht ohne Grund. „Bleib bei uns, denk an uns“ – auch wenn du in den Ruhestand trittst. Denn diesen Schritt hat Stammapostel Wilhelm Leber vor etlichen Monaten angekündigt. Und morgen, am Pfingstsonntag, 19. Mai 2013, soll er vollzogen werden: Stammapostel Leber will seinen Helfer, Bezirksapostel Jean-Luc Schneider aus Frankreich, als Stammapostel und zum neuen geistlichen Oberhaupt der Neuapostolischen Kirche ordinieren und dann in den Ruhestand treten. Deshalb schwingen viele Gefühle und Empfindungen an diesem Wochenende mit – wie vor acht Jahren.

Rückblick auf Pfingsten 2005

Freitag, 13. Mai 2005, Liederhalle Stuttgart: In wenigen Minuten beginnt die 6. Internationale Apostelversammlung. 357 Apostel sind aus aller Welt angereist. Eine erwartungsvolle Spannung ist spürbar. Wohl alle bewegt eine Frage: Wird Stammapostel Richard Fehr heute mitteilen, wer sein Nachfolger wird? Etliche Augenblicke später ist das Geheimnis gelüftet, hat der Stammapostel die entscheidenden Sätze gesprochen: „Nach vielen Gebeten und jahrelangen Beobachtungen in verschiedenen Situationen ist in mir ein Name immer klarer hervorgetreten. Deshalb will ich jetzt bekannt geben, dass ich Bezirksapostel Wilhelm Leber aus Hamburg zu meinem Nachfolger bestimmt habe.“

Stammapostel Fehr hatte zwei Wochen zuvor einen Gottesdienst in Hamburg gehalten und Bezirksapostel Leber seine Entscheidung mitgeteilt. „Das hat mich und meine Familie getroffen wie ein Keulenschlag“, gesteht Bezirksapostel Leber in einer ersten Stellungnahme. „Ich stehe vor euch in aller Demut und bitte euch, mich anzunehmen als den Mann, den Stammapostel Fehr zu seinem Nachfolger bestimmt hat.“ Er sei sich bewusst, welch schwere Last ihm auferlegt werde. Aber er vertraue und bitte um die Hilfe und Unterstützung des Apostolates. „Ich will mein künftiges Leben unter den Gedanken eines Liedes aus dem Gesangbuch stellen, in dem es heißt: Herr, mein Leben, es sei dein ...“ Und als Leitgedanke für seine Amtszeit verweist er Tage später auf das Bibelwort aus Offenbarung 22,17: „Und der Geist und die Braut sprechen: Komm!“

Er könne sich vorstellen, dass viele die Frage bewege, wie es weitergehe. „Ich will darauf mit zwei Worten antworten: Wie bisher!“, bekundet Wilhelm Leber. „Die Kontinuität im Werk Gottes muss sichergestellt sein.“ Wichtigstes Anliegen sei es, das

150

Profil der Kirche weltweit zu schärfen. Als weitere Ziele nennt er, „die Braut sammeln und schmücken“, „die Einheit im Apostelkreis pflegen und fördern“ und „zeitgemäße göttliche Wahrheiten offenbaren“. Abschließend bittet er die Apostel um Verständnis: „Auch ich muss mich mit der neuen Situation anfreunden.“ Doch in einem Punkt dürfen alle Apostel sicher sein: „Ich will immer für euch alle da sein. Ich werde mich bemühen, alle Dinge in der Liebe unseres Senders Jesus Christus zu regeln.“ Die Grundlage und Triebfeder all seines Handelns hebt Bezirksapostel Leber zwei Tage später, am Pfingstsonntag, 15. Mai 2005, im Gottesdienst in der Gemeinde Fellbach mit folgenden Worten hervor: „Die Liebe zu Gott und zu seinem Werk ist auch mir eine Verpflichtung. [...] Ich will den Herrn lieben über alles und aus Liebe zu ihm möchte ich euch von ganzem Herzen und von ganzer Seele dienen. [...] Ich verspreche euch, ich werde euch immer lieben!“

Die Bilder ähneln sich

Freitag, 17. Mai 2013, Hamburg: In einem Hotelsaal im Stadtteil Harburg schauen Hirte i. R. Detlef Machalett und einige Schwestern aus der Verwaltung der Gebietskirche Norddeutschland noch einmal nach dem Rechten. In einigen Minuten will hier Stammapostel Wilhelm Leber alle Bezirksapostel und deren Helfer sowie die Apostel aus Europa zum Pfingstfest begrüßen. Zum letzten Mal im aktiven Dienst. Es wird ein bedeutsames und bewegendes Wochenende. Aus zwei Gründen: Zum einen steht der seit Langem angekündigte Wechsel im Stammapostelamt bevor. Nach acht Jahren als Stammapostel tritt Wilhelm Leber in den Ruhestand. In seiner alten Heimat. Dort, wo er einige Jahre als Bezirksapostel tätig war. Zum anderen blickt die Neuapostolische Kirche auf ihr 150-jähriges Bestehen zurück. An historischer Stätte, denn 1863 bildete sich in Hamburg die erste Gemeinde. Daraus wuchs die Neuapostolische Kirche, zu der sich heute weltweit rund zehn Millionen Gläubige bekennen. Sie eint ein Gedanke: „Ein Glaube – ein Ziel!“ Nach und nach füllt sich der Hotelsaal. Viele Apostel haben sich zuletzt an Pfingsten 2012 in Köln gesehen. Freudig begrüßen sie einander, stehen in kleinen Gesprächsrunden vor den Kabinen der Übersetzer und rund um die langen Tischreihen, die bereits für die Apostelversammlung am nächsten Morgen aufgestellt wurden. Alle warten auf Stammapostel Leber. Er betritt kurz darauf mit dem Gastgeber, Bezirksapostel Rüdiger Krause, den Saal und macht die Runde. Jeden der 70 angereisten Apostel begrüßt er per Handschlag und wechselt kurz ein paar Worte. Nähe und persönliche Zuwendung – zwei markante Eigenschaften von Stammapostel Leber.

„Ich freue mich sehr, euch alle hier in der Gebietskirche Norddeutschland begrüßen zu können. Es ist uns eine Ehre, euch als Gäste hier zu haben“, wendet sich Bezirksapostel Krause an die Apostelschar. Im Ruhestand lebende Bezirksapostel werden am Samstag erwartet. Bevor er das Wort an

Stammapostel Leber übergibt, singen alle „Happy Birthday“ für Bezirksapostel Wolfgang Nadolny aus Berlin.
„Ihr könnt sicher nachempfinden, dass ich mit zwiespältigen, gemischten Gefühlen in dieses Wochenende gehe“, äußert Stammapostel Leber. Einerseits sei es Wehmut, weil ein spezieller Lebensabschnitt zu Ende gehe; andererseits sei es Freude auf das, was die Zukunft bringe. Er bedauere es sehr, dass Stammapostel i. R. Richard Fehr aus gesundheitlichen Gründen nicht anwesend sein könne. „Ich habe mich ihm immer verbunden gefühlt“, sagt Wilhelm Leber. „Lasst uns dafür beten, dass der liebe Gott es gut mit ihm machen möge.“ Den Gottesdienst an Pfingsten wolle Stammapostel i. R. Fehr am PC verfolgen. Zu diesem Zeitpunkt wusste keiner, dass Stammapostel i. R. Fehr – „ein wunderbarer Mensch und mutiger Mann“, so die Würdigung der NAK International in ihrem Nachruf – sechs Wochen später am 30. Juni 2013 heimgehen würde. Und dann äußert Stammapostel Leber noch eine letzte, kleine Bitte: „Der Wechsel im Stammapostelamt gibt dem Pfingstfest zwar einen besonderen Akzent. Aber bitte lasst die Freude, dass wir gemeinsam den Geburtstag der Kirche Christi feiern können, im Vordergrund stehen.“
Vier Busse transportieren die Apostel in die Hamburger Innenstadt zum Abendessen. Von einem Hochhaus aus genießen alle den Panoramablick über die Hansestadt und am späten Abend ein Feuerwerk aus Anlass des Hamburger Kirschblütenfestes.

„Nun will ich dem Herrn danken!“

Samstag, 18. Mai 2013: Zum letzten Mal leitet Stammapostel Leber eine Apostelversammlung. In den vergangenen acht Jahren hat er viele solcher Zusammenkünfte gehalten, oft im kleinen Kreis. Mit dem einen Ziel: Die Einheit im Apostelkreis zu pflegen und zu fördern. So bot sich auch für die Apostel weltweit die Gelegenheit, offen und persönlich mit dem Stammapostel zu sprechen, regionale Probleme intensiver erörtern zu können. Für alle Arbeit, Unterstützung und Gebete dankt Stammapostel Leber den Aposteln. Und erneut geht ein Gedanke an Stammapostel i. R. Fehr: „Er hat mir den Übergang vor acht Jahren leicht gemacht. Seine Haltung hat mich geprägt. Ich habe versucht, seine Arbeit weiterzuführen."

Acht Jahre sind eine relativ kurze Amtszeit, verglichen mit denen früherer Stammapostel. Doch in diesen 96 Monaten öffnete sich die Kirche in einem von vielen wohl nie erwarteten Maße. Sein Handeln habe er an dem Bibelwort ausgerichtet „Seid nüchtern und wacht", blickt Stammapostel Leber zurück. Er erwähnt unter anderen Neuerungen das veränderte Taufverständnis, die Erweiterung des Kirchenverständnisses, die neue Liturgie in den Gottesdiensten und die Herausgabe des Katechismus. Alle Neuerungen schärften das Profil der Kirche. „Wir haben uns dabei immer vom Herrn leiten lassen", hebt Stammapostel Leber hervor.

„Pflegt die Einheit, nehmt euch Zeit, um miteinander zu sprechen, lebt in Christus und seid fest in ihm verwurzelt und gegründet." Dazu ruft Stammapostel Leber die Apostel auf. Mit Dank habe er begonnen – mit Dank wolle er enden. „Und er gilt Stammapostelhelfer Jean-Luc Schneider für seine

Bereitschaft, künftig als Stammapostel zu dienen." Die Apostel mögen ihm ihr Vertrauen schenken. „Und du mögest fühlen, dass du getragen und nicht unter der Last zusammenbrechen wirst. Gehe immer mutig vorwärts und führe uns zum Ziel!"

„Du hast in einer relativ kurzen Amtszeit großartige Arbeit geleistet", wendet sich Stammapostelhelfer Jean-Luc Schneider gegen Ende der Apostelversammlung an Stammapostel Leber. „Wir danken dir für die Art, für die Nähe und Offenheit, mit der du uns begegnet bist." Alle Empfindungen fasst dann der Stammapostelhelfer in einem bewegenden Gebet zusammen – in dem der Dank im Vordergrund steht.

Sänger, Organist, Dirigent – Aufgaben, die Stammapostel Leber mit Freuden ausübt. Seine Begeisterung für Musik zeigt sich am Nachmittag. Sechs Ensembles aus der Gebietskirche Norddeutschland gestalten unter dem Titel „I feel the spirit“ ein abwechslungsreiches Konzertprogramm in der Laeiszhalle in Hamburg. Völlig überrascht ist der Stammapostel, als sein Sohn Björn einige Ensembles dirigiert. Davon hatte der Vater nichts gewusst. Zum Hamburg-Orchester besteht eine besondere Verbindung: Es wurde 1998 auf Wunsch von Wilhelm Leber gegründet, als er Bezirksapostel der Gebietskirche Norddeutschland war. „Das war eine tolle musikalische Reise durch die Gebietskirche Norddeutschland“, resümiert der Stammapostel nach dem rund zweistündigen Konzert. „Wir haben es alle sehr genossen.“ Aus den Vorträgen habe ihn persönlich einer besonders angesprochen: „‚Ein' feste Burg ist unser Gott‘ – das habe ich in meiner Amtszeit erleben dürfen und so wird es auch im Ruhestand bleiben“, unterstreicht Wilhelm Leber. „Darauf können wir uns allezeit verlassen: Unser Herr bleibt diese Zuflucht!“

Ein Kreis schließt sich

Sonntag, 19. Mai 2013: Der Tag Pfingsten ist gekommen. Vor der Kirche in Hamburg-Borgfelde begrüßen Kinder mit einem selbst gestalteten Plakat die Gottesdienstbesucher. Stammapostel Leber wendet sich ihnen zu, bevor er mit den Aposteln die Kirche betritt. Eindrucksvoll bringt er den Gläubigen zunächst sein Grußwort nahe: „Siehe, der Herr lässt es hören bis an die Enden der Erde: Sagt der Tochter Zion: Siehe, dein Heil kommt!“ (Jesaja 62,11). Für den Gottesdienst wählt er als Bibelwort Lukas 24,49: „Ihr aber sollt in der Stadt bleiben, bis ihr ausgerüstet werdet mit Kraft aus der Höhe.“ Dieses Wort habe er schon vor mehr als einem halben Jahr für den Pfingstgottesdienst ausgesucht. Erst vor Kurzem habe er erfahren, dass dieses Wort schon einmal Grundlage für einen Gottesdienst an Pfingsten war – „im Jahr 2005, als ich das Stammapostelamt empfangen habe. So schließt sich der Kreis.“

Nach dem Mitdienen des Stammapostelhelfers folgt die Feier des Heiligen Abendmahles, das anschließend auch für die Entschlafenen gespendet wird. Und dann vollzieht Stammapostel Leber seine letzte Amtshandlung: die Ordination seines Nachfolgers. „Das berührt mich schon sehr und euch auch“, bemerkt Stammapostel Leber. „Aber wir wollen auch miteinander erkennen, was das Wesentliche ist. Und das ist der Zug, der hingeht zur ewigen Heimat.“ In seiner Ansprache an den designierten Stammapostel Schneider hebt Stammapostel Leber einige besondere Aufgaben hervor:

„Du bist jetzt der Felsen, auf dem der Herr seine Gemeinde bauen will. Das bedeutet nicht Passivität, sondern du sollst die Voraussetzungen schaffen, dass der Herr seine Gemeinde bauen kann. Es wird deine Verantwortung sein, dass die Lehre klar und rein bleibt und alles auf das Ziel hin orientiert ist.

Mit dem Stammapostelamt ist auch die Schlüsselvollmacht verbunden, die Vollmacht, neue Erkenntnisse aufzuschließen. Es wird deine Aufgabe

Die „Geburtskirche" in Hamburg-Borgfelde

Der Chor und die Geschwister im Festgottesdienst

sein, Apostel und Bischöfe zu ordinieren, damit Gottes Werk weitergebaut werden kann und zur Vollendung kommt. Der Herr möge dir die Augen öffnen, dass du den rechten Mann an den rechten Platz stellen kannst."

„Willst du so ein Felsen sein, auf dem der Herr seine Gemeinde baut und zur Vollendung bringt, willst du ein Segen sein für alle Anvertrauten, willst du sie alle lieben und in deinem Herzen tragen, willst du dafür sorgen, dass es eilends auf diesem Weg hin geht zur Vollendung, willst du in diesem Sinn tätig sein und dem Herrn dienen, dann bekunde das bitte mit deinem Ja-Wort", fragt Stammapostel Leber seinen Nachfolger, der mit bewegtem Herzen „Ja" sagt. Danach ordiniert Stammapostel Leber den 9. Stammapostel in der 150-jährigen Geschichte der Neuapostolischen Kirche.

Bevor er dann in den Ruhestand versetzt wird, wendet er sich ein letztes Mal an die Gläubigen: „Es wäre schön, wenn hier jetzt drei Stammapostel stehen könnten, aber leider kann Stammapostel i. R. Fehr nicht hier sein. Er repräsentiert jetzt die Kranken und jene, die die Gottesdienste nicht besuchen können. Aber wir fühlen uns eng mit ihm verbunden. Ich habe acht Jahre als Stammapostel dienen dürfen und ich habe unendlich viel Liebe aus euren Reihen erfahren. Und wenn ihr bestätigen könnt, dass ich auch euch gegenüber eine Liebe und damit die Liebe des Herrn kundgetan habe, dann ist mir das die größte Freude." Mit diesem Gedanken verabschiedet sich Stammapostel Wilhelm Leber im Gottesdienst an Pfingsten 2013 in den Ruhestand.

Als Fazit bleibt: Seine Amtszeit war Liebe – von Anbeginn bis zum Ruhestand. Und diese Liebe bleibt – bis zur Wiederkunft des Herrn.

„*Ein Glaube – ein Ziel!*"

Angola 2009

Namibia 2011

> *„Gehet hin in alle Welt und predigt das Evangelium aller Kreatur.“*
>
> *Markus 16,15*

AFRIKA

Kapstadt 2012

Republik Kongo 2005

Angola 2009

Angola 2009

Namibia 2011

Namibia 2011

São Tomé 2007

Namibia 2011

Namibia 2011

Carl Stute
Schneidermeister.

Das Geburtshaus von Wilhelm Leber

Kindheit und Jugend

Allein kommt Ella zum Altar. Ihre Arme umschlingen ihren Sohn. Er kam vor vier Wochen, am 20. Juli, hier in Herford zur Welt. Heute, am 17. August 1947, wird das Kind getauft. Eigentlich ein Grund zur Freude. Doch die Mutter trägt schwarz. ... >>

Ihr Mann ist vor drei Monaten gestorben. Todesursache: Staublunge. Doch im Sohn lebt der Vater weiter. Er trägt seinen Namen: Wilhelm Leber.

Das Erbe des Großvaters und Vaters

Auch wenn der Junge seinen Vater (1904-1947), der von Beruf Glaser war, nie gesehen hat, entwickelt sich mit den Jahren ein Bild, eine Vorstellung. Denn Mutter Ella und Schwester Christa erzählen viel vom Mann und vom Papa. Dadurch entsteht in Wilhelm der Eindruck: Mein Vater war ein charakterfester, ausgleichender und aktiv im Glauben stehender Mann. Er diente als Priester in der Gemeinde Herford. Ebenso wie der Großvater, Ernst Wilhelm Leber (1871-1941), der zehn Jahre lang als Hirte und Vorsteher die Gemeinde Herford leitete. Auch im Leben von Wilhelm Leber junior nimmt der Glaube von Kindheit an einen bedeutsamen Platz ein.

Ein weiteres Erbe: Wilhelms Vater war musikalisch sehr begabt. Er dirigierte den Gemeindechor und spielte Klavier und Geige. Diese Musikalität entfaltet sich auch im Sohn; bis heute ist Musik für Wilhelm Leber eine große Freude und Leidenschaft.

Aufpasser Willi

Der kleine Wilhelm hat eine große Schwester: Christa. Sie ist 13 Jahre älter. Mutter Ella Leber schenkt ihren beiden Kindern ihre ganze Liebe. Sie hört sich die Sorgen ihrer Tochter an und versucht, ihre Fragen zu beantworten, und sie kümmert sich liebevoll um den kleinen Wilhelm. Trotz des großen Altersunterschiedes verstehen sich die große Schwester und ihr kleiner Bruder gut. So versichert Christa eines Tages ihrer besorgten Mutter: „Wir lassen Willi nie alleine. Sollte dir etwas zustoßen, nehmen wir ihn in unsere Familie auf!“ Christa lernt bereits in jungen Jahren ihren späteren Ehemann kennen. Mutter Ella bereitet es Kopfzerbrechen, dass ihre Tochter im Alter von 17 Jahren mit einem jungen Mann unterwegs ist. Sie spricht darüber mit Apostel Knaupmeier. „Lass sie ruhig miteinander unterwegs sein. Aber sie sollen Willi mitnehmen“, schlägt er vor. Zähneknirschend befolgen die jungen Leute diesen Hinweis und nehmen den fünfjährigen Willi fortan mit. Einmal auch in den Kurpark von Bad Salzuflen. Dort will das junge Paar Boot fahren. Wilhelm ist, wie üblich, unbekümmert mit dabei. Zunächst steigt Christas Freund ein, danach soll Wilhelm in das schwankende Boot. Und da gibt der Bootsverleiher Wilhelm im breitesten Westfälisch den wohlgemeinten Rat: „Komm, Junge, tu deine Beine bei deinen Papa!“

Begegnung mit Stammapostel Bischoff

Ella Leber fährt öfter nach Frankfurt und besucht ihre dort verheiratete Schwester. Bei einem dieser

Das Hochzeitspaar
Ella Leber und Heinz Raith

Ella Leber und Wilhelm Leber,
der Vater des Stammapostels

Der kleine Wilhelm im Alter von 6 und 8 Jahren

Aufenthalte begegnen Mutter und Sohn Leber in der Bernusstraße Stammapostel Bischoff. An die beeindruckende Statur und freundliche Zuwendung von Johann Gottfried Bischoff erinnert sich Wilhelm Leber noch heute. Weniger gut ist hingegen sein Gedächtnis an eine unpassende Bemerkung, die er bei dieser Gelegenheit wohl machte. Die mahnenden Worte seiner Mutter, die er auf dem Heimweg hörte, hat Wilhelm nicht vergessen: „Eine Begegnung mit dem Stammapostel ist etwas ganz Besonderes."

Der „Klassenspringer"

Die vier Jahre in der Grundschule schafft Wilhelm Leber mit Leichtigkeit. Für seine Mutter ist klar, ihr Junge besucht danach die Mittelschule. Das ist die damalige Schullaufbahn. Aber Wilhelms Lehrer und Schwester Christa sind sich dagegen einig: „Der Junge muss auf das Gymnasium!" Wieder einmal wird Apostel Knaupmeier um Rat gefragt. Doch dieses Mal schweigt er – sehr ungewöhnlich zu der Zeit. Fortan besucht der 10-Jährige das Ravensberger Gymnasium in Herford.

Drei Jahre später wechselt Wilhelm die Schule. Notgedrungen, denn Ella Leber hat wieder geheiratet. Mit ihrem Sohn zieht sie von Herford nach Frankfurt. Dort besucht Wilhelm das Liebig-Gymnasium. Nach einem Jahr ruft der Lehrer Wilhelms Stiefvater Heinz Raith in die Schule: „Ihr Junge langweilt sich, lassen Sie ihn eine Klasse überspringen!" Heinz Raith stimmt zu, sehr zum Unwillen von Wilhelms Mutter, die ihrem Sohn das nicht zutraut. Doch Wilhelm arbeitet den Stoff der neuen Klasse schnell auf. Zwei Jahre später überspringt er ein zweites Mal eine Klasse.

In Deutsch und Gemeinschaftskunde – einer Fächerkombination aus Sozialkunde, Erdkunde und Geschichte – ist Wilhelm nicht schlecht; aber er liebt diese Fächer nicht. Ihn stören die weitschweifigen Monologe der Lehrer und ihr Politisieren. Um so mehr begeistert ihn Mathematik. Es ist die Logik, die dem Schüler gefällt: Behauptung – Beweis – zack. Und er hat einen Lehrer, der es versteht, seine Schüler zu packen. Deshalb ist für Wilhelm klar: „Ich will nach dem Abitur Mathematik studieren, will damit etwas Praktisches anfangen." 1965 besteht Wilhelm die Reifeprüfung.

Lehrmeister der anderen Art waren die Amtsträger, die manchen Bereich der persönlichen Lebensführung bestimmten. Ein Beispiel: Weil sich Wilhelm für Skat interessiert, schenkt ihm seine Mutter zum Geburtstag dieses Kartenspiel. Als Apostel Knaupmeier dies erfährt, veranlasst er Mutter Leber, dafür Sorge zu tragen, dass die Karten aus dem Haus kommen. Mit Bedauern teilt sie das Wilhelm mit. „Wenn das so sein soll", meint er – und zerreißt die Karten.

Die Liebe zur Musik

Sehr früh entdeckt Wilhelm Leber die Liebe zum Klavierspiel. Er übt auf einem alten Klavier, das sein Vater in die Ehe mitgebracht hatte. Noch heute hat es seinen Platz im Haus seiner Schwester Christa. Im Laufe der Zeit tritt Wilhelms Begabung immer mehr zutage: bei Schulfeiern im Liebig-Gymnasium ist er als Pianist sehr gefragt.

Wilhelms Interesse an der Musik beschränkt sich nicht nur auf das Liedgut aus dem neuapostolischen Gesangbuch und der Chormappe. An einem Sonntagabend will er mit einigen Jugendlichen eine Wagner-Oper besuchen. Doch ins Konzert oder ins Theater gehen, wurde in jenen Tagen nicht gern gesehen. Stiefvater Heinz Raith lädt deshalb just für den Aufführungsabend die junge Mannschaft zu einem chinesischen Reisgericht ein, das er selbst kochte. Und wenn Heinz Raith einlud, war es klug, sich dem nicht zu widersetzen. Also sehen Wilhelm und seine Freunde von ihrem Vorhaben ab und genießen die Künste des Hobbykochs. Doch aufgeschoben ist nicht aufgehoben: Die Truppe nutzt die nächste sich bietende Möglichkeit und besucht die Oper „Tannhäuser". Als Heinz Raith davon erfährt, lautet sein Kommentar: „Da essen sie mein mit so viel Mühe bereitetes Reisgericht und gehen dann doch in die Oper!"

Trotz Studium bringt Wilhelm seine musikalischen Fähigkeiten in das Gemeindeleben ein: Er spielt die Orgel in den Gottesdiensten in Frankfurt-West und sein Glaubensbruder Hagen Wend in der Gemeinde Frankfurt-Eschersheim. Darüber hinaus helfen beide als Vizedirigenten aus. Doch für ihre Ansprüche reicht nicht aus, was sie sich bei ihrem Dirigenten abschauen. Die beiden beschließen, Unterricht zu nehmen bei Bruder Gerhard Schroth, einem Musikpädagogen, der auch einige Lieder für die Chormappe komponiert hat. Die Kosten dafür teilen sie sich. Der Unterricht verläuft so: Gerhard

Wilhelm Leber als 15-Jähriger im Kreis seiner Familie

Schroth singt so laut und so leise oder so schnell und so langsam, wie es die jungen Männer mit ihren Dirigierbewegungen vorgeben. Für die Lernenden ein hörbarer Effekt. Wilhelm ist kurz darauf Vizedirigent des Frankfurter Jugendchores. Später leitet er in der norddeutschen Gemeinde Buchholz den Gemeindechor.

Eine neue Familie

Kommen wir zurück auf das Jahr 1960. Im Juni beginnt ein neuer Lebensabschnitt für den 13-jährigen Wilhelm und seine Mutter. Sie heiratet ihren Schwager Heinz Raith. Dessen Frau Hilde – Ellas Schwester – ist im März gestorben. Den Trausegen spendet Stammapostel Bischoff im Wohnzimmer im kleinen Kreis.
Ella und Wilhelm Leber ziehen von Herford nach Frankfurt; Christa, die ihren Freund 1954 geheiratet hat, bleibt mit ihrem Mann in der nordrhein-westfälischen Heimat. So entsteht eine neue Familie: der 13-jährige Wilhelm und seine Mutter auf der einen Seite und Heinz Raith mit seinen beiden Töchtern Brigitte und Hildegard, 13 und 8 Jahre alt auf der anderen Seite. Die größer gewordene Familie wohnt in Bockenheim.
Obwohl Ella und Hilde Schwestern waren, waren sie doch unterschiedliche Charaktere. Nach 13 Jahren Witwenschaft, in deren Mittelpunkt Wilhelm stand, muss sich Ella an die neuen Familienverhältnisse genauso gewöhnen wie Heinz und seine beiden Töchter.

Nun ist mehr Leben im Haus. Auch eine neue Erfahrung für Wilhelm und seine Mutter. Kam er in Herford aus der Schule, saß er allein mit seiner Mutter am Mittagstisch. Jetzt ist die Runde größer und die Kinder erzählen einander ihre Schulerlebnisse.

Immer wieder sonntags

Sonntags im Hause Raith: Erst Frühstück, dann zu Fuß zum Gottesdienst in die Sophienstraße, nach Hause zum Mittagessen, Mittagsschlaf und wieder zu Fuß zum Gottesdienst – so verlaufen in jener Zeit die Sonntage in vielen neuapostolischen Familien. Vor dem Essen setzt sich Vater Raith ans Klavier und spielt Lieder aus dem Gesangbuch oder raucht eine Zigarre. Als Wilhelm älter ist, gesellt er sich dazu – sehr zum Leidwesen von Brigitte und Hildegard. Sie müssen beim Kochen helfen und den Tisch eindecken und abräumen, während ihr Bruder Klavier spielt – und nicht mithilft.
Beim Mittagessen fragt Vater Raith in die Runde: „Wo stand das Textwort? Was haben wir gesungen? Was stand im Mittelpunkt des Gottesdienstes?“ Die Kinder betrachten diese Fragen nicht als eine Art Prüfung, sondern als eine Anregung, aufmerksam den Gottesdienst zu verfolgen.

Die Konfirmation in Frankfurt-West am 26. März 1961, Wilhelm Leber (6. v. l.) mit seiner Schwester Brigitte (4. v. r.)

Konfirmation in Frankfurt-West

Zur Erinnerung: Wilhelm ist 13, als er mit seiner Mutter nach Frankfurt zieht. Das bedeutet auch: Der Junge besucht den Konfirmandenunterricht. Mit seiner „neuen" Schwester Brigitte. Bezirks-evangelist Siegfried Kuwilsky, Vorsteher der Gemeinde Frankfurt-West, versteht es, den Konfirmandenunterricht spannend zu gestalten. Brigitte weiß auf viele Fragen eine Antwort. Das weckt Wilhelms Ehrgeiz. Er kniet sich in den Unterrichtsstoff hinein, damit er mit seiner Schwester mithalten kann. Am 26. März 1961 stehen beide vor Bischof Weine am Altar in der Kirche in der Sophienstraße und geloben „Ich entsage ..."

Schmauchen und rauchen

In der Gemeinde Frankfurt-West findet Wilhelm schnell Freunde. Zu Ernst Bischoff und Alfred Künzel entsteht eine enge Freundschaft. Gemeinsam unternehmen die drei manches und sammeln unter anderem erste Erfahrungen mit dem Rauchen. Nach der Zigarrenphase findet es Alfred Künzel an der Zeit, zur Pfeife zu wechseln. Das jugendliche Trio lässt sich in einem Zigarettenladen beraten – allerdings wenig fachmännisch, denn als Tabak wird ihnen Zigarettenfeinschnitt verkauft. So ausgerüstet ziehen Wilhelm, Alfred und Ernst zum Henninger-Turm in Sachsenhausen. Auf dem Dachgarten essen sie eine Kleinigkeit. Dann holen sie ihre Pfeifen hervor und sind fortan mit Stopfen und Reden beschäftigt. Sie vergessen völlig ihre Umgebung – bis zwei Worte ei-

nes Kellners ihre Unterhaltung unterbrechen: „Die da!", sagt der Kellner und deutet auf das Trio unter der Qualmwolke. Erstaunt und ohne schlechtes Gewissen blicken die drei auf einen vornehm gekleideten Mann, der sich charmant an die jungen Raucher wendet: „Ach, die jungen Herren sind das. Ich dachte schon, der Dachstuhl brennt!" Während Ernst und Alfred das als netten Witz betrachten, versteht Wilhelm sofort: „Belästigen wir die übrigen Gäste?" – „Es wäre nett, wenn unsere Gäste nicht nur Ihren Rauch schmecken müssten, sondern auch unser Essen schmecken dürften!"

Der Mathematiker sucht Beweise

Heinz Raith ist Architekt – und besitzt ein Auto. Davon sollen auch andere profitieren. Deshalb fragt er Bischof Weine, ob und wem er mit seinem Auto helfen könne. Die Gedanken werden auf Bezirksevangelist Heinz Städter gelenkt, der zu jener Zeit Gemeinden in der Wetterau besucht. Mit seinem Motorroller, einer italienischen Lambretta, ist er bei Wind und Wetter unterwegs. Dabei soll es einmal vorgekommen sein, dass er eines Wintertages mit seinem Kleppermantel vom Sattel gehoben werden musste. So sehr hatte ihm die Kälte zugesetzt.

So chauffiert Heinz Raith sonntags, mittwochs und donnerstags den Bezirksevangelisten in die Gemeinden. Und Wilhelm darf mit. Bei einer dieser Begegnungen fordert er im Gespräch mit Heinz Städter Beweise für die Echtheit des Glaubens. „Du kriegst die Beweise, aber zuvor musst du glauben!", antwortet der Bezirksevangelist.

Ohne Scheu wird im Hause Raith über innere Kämpfe, über Glaubenszweifel geredet, auch mit Jugendlichen aus der Gemeinde. Über diese Offenheit ist mancher bestürzt. Priester Franz Paape hört davon und schlägt ein Treffen bei Familie Raith vor, in dem jeder Fragen stellen könne. Der Priester spricht von Situationen, in denen er nach einer Antwort oder einem Rat vom Herrn suchte: „Oft gibt mir nach einem Gebet ein Blick in die Heilige Schrift Aufschluss." Der junge Wilhelm sagt: „Das will ich ausprobieren." Er nimmt die Bibel und schlägt wahllos eine Stelle im Alten Testament auf. Da heißt es sinngemäß: „Ihr könnt sagen, was ihr wollt, sie wollen nicht hören." Das geht ihm unter die Haut. Um das zu verbergen, liest er eine andere, ihm unverfänglicher erscheinende Stelle auf derselben Seite vor.

Studium

Damals war es nicht so selbstverständlich, ein Studium zu beginnen. Deshalb sind es auch nur vier junge Männer aus der neuapostolischen Jugend Frankfurts, die diesen Bildungsweg einschlagen. Unter ihnen Hagen Wend und Wilhelm Leber. Er hat sich an der Goethe-Universität in Frankfurt eingeschrieben. Sein Studium der Mathematik setzt er fort, als Heinz Raith mit seiner Familie nach Kitchener/Kanada auswandert. Das Studienjahr in Kanada bringt für das Glaubensleben des jungen Studenten eine neue Erfahrung. Alles ist fremd – eine neue Umgebung, eine andere Sprache, eine völlig andere Kultur. Aber in der Gemeinde findet er Halt und erlebt Vertrautheit. Von da an ist die Zeit der zweifelnden Auseinandersetzung mit Kirche und Glauben vorüber.
Dort, in Nordamerika, wird Wilhelm unsicher, ob der Studienabschluss in Deutschland anerkannt würde. Zudem sind die Studiengebühren in Kanada sehr hoch. Deshalb beschließt Wilhelm, sein Diplom in Deutschland zu machen. Nach einem Jahr kehrt er wieder zurück nach Frankfurt. Seine Schwestern Brigitte und Hildegard verabschieden ihn am Flughafen in Toronto. Weil er sehr viel Gepäck mitnimmt, stopfen sie alles, was über der erlaubten Gewichtsgrenze seines Gepäckes liegt, in seinen Mantel. Der steht, so vollgestopft, fast von alleine.

Wilhelm und Bärbel

Während des Studiums lernt Wilhelm seine künftige Frau kennen. Etliche jugendliche Brüder in Frankfurt schwärmen heimlich oder offen für Bärbel Bischoff. Sie und Wilhelm gehören derselben Gemeinde an, singen im selben Chor, wohnen im selben Stadtteil – aber es funkt nicht. Das ändert sich, als ein Teil des Jugendchores eine vom Frankfurter Roten Kreuz ausgerichtete Weihnachtsfeier mitgestaltet. Wilhelm und Bärbel wirken mit. Anschließend kommt man sich näher – und von diesem Zeitpunkt an hat keine junge Schwester aus Frankfurt mehr eine Chance bei Wilhelm.
Doch die junge Beziehung wird auf eine harte Probe gestellt, als die Familie Raith nach Kanada auswandert. Nach kurzer Zeit kommen Wilhelm und Bärbel überein, das Verhältnis zu lösen. Die Beziehung lebt wieder auf, als Wilhelm nach einem Jahr Studium in Kanada nach Frankfurt zurückkehrt. Bärbels Mutter macht ihre Freude darüber durch kleine Wohltaten sichtbar. Vater Friedrich Bischoff bringt sein zweifellos vorhandenes Wohlwollen weniger deutlich zum Ausdruck.

Die Hochzeit von Wilhelm und Bärbel Leber am 16. April 1972, mit den Familien Raith (links) und Bischoff (rechts)

Heiratsantrag, Hochzeit und Hamburg

Wilhelm und Bärbel beschließen zu heiraten. Obwohl Wilhelm häufig zu Gast im Hause Bischoff ist – vor allem an Sonntagen –, erscheint es Bärbel notwendig, dass ihr Freund einen förmlichen Heiratsantrag macht. Deshalb melden sie sich zu einem Termin im Verlag an, den Friedrich Bischoff führt. Der Bezirksapostel hört sich an, was ihm sein künftiger Schwiegersohn vorträgt. Obwohl er ein abgeklärter, weiser Mann ist, wirkt er auf die beiden jungen Leute etwas nervös. Vielleicht hatte er nicht mit einem solchen Thema gerechnet. Jedenfalls willigt er ein – und seine Frau Betti ist mit der Wahl ihrer Tochter sowieso sehr einverstanden.

Hätte Bärbel sich für ein Leben mit ihrem Mann entschieden, wenn sie seine künftige kirchliche Entwicklung vorhergesehen hätte? Diese Frage beantwortet sie sehr zurückhaltend. Aus ihrer vorsichtigen Formulierung lässt sich aber heraushören, wie viel Einfluss die Amtstätigkeit ihres Mannes auf sie als Ehefrau und Mutter nimmt.

Am 16. April 1972 heiraten die beiden. Den Segen zu ihrem Ehebund spendet ihnen Bezirksapostel Rockenfelder in einem Gottesdienst in Frankfurt-West. Wilhelm dient inzwischen als Unterdiakon und hat sein Diplom bestanden; nun bereitet er seine Promotion vor. Da meldet sich Herbert Jacob, der aus Frankfurt stammt und einem Ruf an die Universität in Hamburg gefolgt ist, bei Wilhelm und unterbreitet ihm ein verlockendes Angebot: eine befristete Stelle als wissenschaftlicher Assistent in Hamburg, wo er seine Dissertation vollenden kann. Das Angebot kommt dem jungen Ehepaar sehr entgegen, da es ohnehin etwas Neues anfangen will. Herbert Jacob ist Priester in der Gemeinde Buchholz. Da liegt es für Wilhelm und Bärbel nahe, dort eine Wohnung zu suchen.

Argentinien 2011

Berlin 2007

> *„Lobe den Herrn, meine Seele,*
> *und was in mir ist, seinen heiligen Namen!"*
>
> *Psalm 103,1*

Schweiz 2012

Danzig 2007

Indonesien 2011

Graz 2007

Düsseldorf 2009

oben: Frankfurt a. M. 2010
Mitte: Düsseldorf 2009
unten: Frankfurt a. M. 2011

Zürich 2011

Oberhausen 2007

Taufe von Sohn Björn

Die Hamburger Jahre

Lebers ziehen um. Wenige Monate nach ihrer Hochzeit geht der Hausstand auf die fast 400 Kilometer lange Reise. Aus der Weltstadt Frankfurt in die eher beschauliche Kleinstadt Buchholz in der Nordheide, 20 Kilometer südlich von Hamburg. Diesen Ortswechsel empfindet die junge Ehefrau wie eine Befreiung. ... >>

Denn hier in Buchholz wird sie nicht als die jüngere Tochter des Bezirksapostels Bischoff angesehen, sondern darf sein, was sie nun ist: Bärbel Leber.

Neues Umfeld – neue Besonderheiten. Ehepaar Leber fällt auf, dass man in Norddeutschland zum Beispiel toleranter gegenüber längeren Haaren zu sein scheint als andernorts. Aber Bärte bei Brüdern werden auch nicht gern gesehen. Diese Äußerlichkeiten treffen auf Unterdiakon Wilhelm Leber nicht zu. Dafür raucht er nach dem Essen gerne mal eine Pfeife oder ein Zigarillo. Auch in Gesellschaft, denn das junge Ehepaar sucht Kontakt und lädt Geschwister ein. Doch jeder Gast lehnt eine angebotene Zigarette oder ein Zigarillo ab. Das wundert die jungen Eheleute. Erst später erfahren sie von einem Wunsch des Bezirksapostels Karl Weinmann. Er hatte darum gebeten, man möge in den Aufbaujahren auf das Rauchen verzichten und das eingesparte Geld für den Wiederaufbau von Kirchen spenden.

Doktorarbeit und Dienst am Altar

Geschafft – die Doktorarbeit ist fertig! Seit 1972 hatte Wilhelm Leber daran gearbeitet; nun, im Jahr 1975, reicht er sie an der Goethe-Universität Frankfurt ein. Sie ist überschrieben mit dem Titel „Konvergenzbegriffe für lineare Operatoren und Stabilitätsaussagen". Ehefrau Bärbel, die schwanger ist, hat den schwierig zu schreibenden und noch schwieriger zu verstehenden Text Buchstabe für Buchstabe und Zahl für Zahl getippt. Die ungezählten hoch- und untergestellten Sonderzeichen setzt Wilhelm anschließend mit Tusche dazu.

„In dem Namen Gottes ..." – seit Dezember 1975 darf Priester Wilhelm Leber mit diesen Worten Gottesdienste beginnen. Sein Bezirksältester Nerre teilt ihn auch als Dienstleiter in Nachbargemeinden ein. Dabei sammelt der 28-Jährige Erfahrungen, die ihn durch seine gesamte Amtstätigkeit begleiten werden. Vor den ersten Gottesdiensten gräbt Priester Leber, ringt mit Gott und sucht nach Aufschluss über verborgene Zusammenhänge. Nach einigen Diensten analysiert er und stellt für sich fest: Das läuft eigentlich ganz gut! Ich kann es ja, was kann mir schon passieren? Deshalb bereitet er sich auf einen folgenden Gottesdienst etwas lockerer vor. Doch in dieser Stunde „schwitzt er Wasser und Blut", muss kämpfen, um Zusammenhänge herstellen und das Wort den Geschwistern nahebringen zu können. Nach diesem Erleben erkennt Priester Leber: Gottesdienste darf man nicht lässig vorbereiten. Man muss sich ernsthaft und intensiv auf sie einstellen. Er setzt es fortan um.

In Hamburg angekommen

2 + 2 = 4 – die Familie Leber hat sich verdoppelt. Bärbel und Wilhelm haben Björn und Verena bekommen. Der junge Papa baut für die Kinder eine

Sandkiste aus Holz, wenn auch sein handwerkliches Geschick begrenzt ist. Vater Wilhelm, inzwischen zum Evangelisten ordiniert, sorgt sich um eine größere wirtschaftliche Sicherheit für seine Familie. Mit Erfolg: Der wissenschaftliche Mitarbeiter an der Universität in Hamburg wechselt in die mathematische Abteilung der „Volksfürsorge"-Versicherung in Hamburg. Sein Berufswunsch, die Mathematik praktisch anzuwenden, hat sich erfüllt.

Kirche oder Karriere?

Eine Lösung muss her. Stammapostel Fehr sorgt sich um die Zukunft der Gebietskirche Norddeutschland: Wie soll es nach der Erkrankung von Bezirksapostel Knobloch weitergehen? Für eine Übergangszeit bittet er Bezirksapostel Pos aus den Niederlanden, die norddeutschen Gemeinden zu betreuen. Gemeinsam mit Apostel Drave und den Bischöfen ringt der Bezirksapostel um Hinweise. Dabei werden sie auf den Vorsteher der Gemeinde Buchholz gelenkt: Evangelist Wilhelm Leber. Er wird 1987 als Bezirksevangelist und 1989 zum Bischof ordiniert. Für Bärbel Leber ist diese Zeit der schönste Abschnitt in der Amtszeit ihres Mannes. Als Bezirksevangelist ist der Radius der zu bedienenden Gemeinden noch nicht allzu groß und ihr Mann kommt jeden Abend nach Hause. Mit dem Bischofsamt wachsen zwar Verantwortung und

KONVERGENZBEGRIFFE FÜR LINEARE OPERATOREN UND STABILITÄTSAUSSAGEN

Inaugural - Dissertation
zur
Erlangung des Doktorgrades
der Naturwissenschaften

vorgelegt beim Fachbereich Mathematik
der Johann-Wolfgang-Goethe-Universität
zu Frankfurt am Main

von Wilhelm Leber
aus Herford in Westfalen

\- 1 -

§ 1. VERALLGEMEINERTE GLEICHMÄSSIGE KONVERGENZEN

1.1. Vorbemerkungen

Wir wollen zunächst einige Definitionen und Hilfsmittel aus der Funktionalanalysis zusammenstellen.
Es sei E ein Banachraum. Mit E^* bezeichnen wir den Banachraum der stetigen antilinearen Funktionale auf E. Wir schreiben $\langle f, g \rangle$ für den Wert eines Funktionals $g \in E^*$ angewandt auf ein Element $f \in E$. Ist E = H Hilbertraum, so soll das Skalarprodukt $\langle f,g \rangle$, $f,g \in H$ entsprechend antilinear im ersten und linear im zweiten Argument sein. H^* kann dann nach dem Darstellungssatz von Riesz mit H identifiziert werden (vgl. etwa Faris [2], §1).
Für Teilmengen $M \subset E$ und $N \subset E^*$ werden Orthogonalräume definiert durch $M^\perp = \{g \in E^*, \langle f,g \rangle = 0 \text{ für alle } f \in M\}$ und
$N^\perp = \{f \in E, \langle f,g \rangle = 0 \text{ für alle } g \in N\}$.
$E^2 = E \times E$ wird ein Banachraum mit der Norm
$\|(f,g)\| = (\|f\|^2 + \|g\|^2)^{1/2}$, $f,g \in E$.
Ist E = H Hilbertraum, so wird diese Norm in H^2 durch das Skalarprodukt $\langle (f_1,f_2), (g_1,g_2) \rangle = \langle f_1,g_1 \rangle + \langle f_2,g_2 \rangle$ erklärt.

Sei nun B ein linearer Operator in E mit Definitionsgebiet D(B). Die Menge der Paare (f,Bf), $f \in D(B)$, ist der Graph G(B); es sei $G'(B) = \{(Bf,f), f \in D(B)\}$. B ist abgeschlossen, wenn der Graph G(B) ein abgeschlossener Teilraum von E^2 ist. $\mathcal{C}(E)$ sei die Menge der abgeschlossenen Operatoren in E;

oben: Deckblatt der Promotion

unten: Bärbel tippt den schwierigen Text. Die ungezählten hoch- und untergestellten Sonderzeichen setzt Wilhelm anschließend mit Tusche ein ...

Arbeitsbereich, aber er kann abends noch immer heimkehren, auch wenn es spät ist. Aber es ist immer ein Vorangänger da, der die letzte Verantwortung trägt.

Bischof Leber will sich beruflich verändern. Er interessiert sich für eine Stelle als Vorstand einer Versicherungsgesellschaft. Deshalb bittet er seinen Apostel Eckehard Krause, vor dem Vorstellungsgespräch an ihn zu denken. Die Fürbitte wirkt sich aber anders aus als erwartet. Im Frühjahr 1990 besucht Bezirksapostel Pos Bischof Leber und eröffnet ihm: „Im Herbst sollst du das Apostelamt empfangen." In den folgenden Monaten bestürmen Bischof Leber beunruhigende Gedanken. Ruhe und Sicherheit kehren erst ein, als ihm Stammapostel Fehr am 9. September 1990 die Hände auflegt und ihn als Apostel ordiniert.

Das neue Amt verträgt sich nur schwer mit seinem bisherigen Beruf. Deshalb kündigt Wilhelm Leber seine leitende Stellung bei der Versicherung. Seine Vorgesetzten reagieren mit Verständnis und Respekt. Ihnen ist bewusst, die neue Aufgabe ihres Mitarbeiters bedeutet keinen Karrieresprung, sondern das Annehmen eines göttlichen Rufes. Der Abschied von seinem bisherigen Beruf fällt Wilhelm Leber aber nicht leicht.

Von Buchholz geht es nun in die Gemeinden des ehemaligen Apostelbezirkes Bremen. Seinen ersten Gottesdienst hält Apostel Leber in Bremen-Hastedt. Sie ist die Heimatgemeinde des damaligen Bischofs Karlheinz Schumacher, dem Sohn des früheren Bezirksapostels. Ihm sind viele Einzelheiten und Zusammenhänge in den Bremer Bezirken bekannt. Er wird der engste Vertraute des neuen Apostels. Apostel Lebers Dienen spricht die Herzen der Gläubigen an.

So erinnern sich noch heute viele Geschwister vor allem an die tiefen Empfindungen, die die Feier des Heiligen Abendmahles für Entschlafene sowohl bei Apostel Leber als auch in der Gemeinde auslöste. Diese mitfühlende Art wird sein Markenzeichen.

Umzug nach Bremen?

Familie Leber wohnt noch immer in Buchholz. Von dort sind die Fahrten in die Bremer Bezirke sehr weit und zeitaufwendig. Deshalb legt Bezirksapostel Pos der Familie nahe, eine Wohnung in Bremen oder in der Umgebung zu beziehen. Schwester Leber, Sohn und Tochter fühlen sich aber in der Gemeinde Buchholz heimisch. Sie wirken dort freudig mit und die Kinder sind in ihrer Ausbildung auf Hamburg ausgerichtet. Daher sind sie nicht begeistert von der Bitte des Bezirksapostels, in die Nähe von Bremen zu ziehen. Bärbel Leber findet schließlich einen Kompromiss: Sie schlägt vor, eine kleine Wohnung in der Nähe von Bremen zu suchen, in die sie und ihr Mann samstags gemeinsam hinfahren können. Von dort aus kann der Apostel am Sonntag in der Frühe weiterreisen,

während sie den Gottesdienst in einer nahe gelegenen Gemeinde besucht. Ein Makler wird beauftragt und findet ein passendes Objekt. Es soll an einem Sonntag im November 1992 besichtigt werden. Als Bärbel Leber den Termin mit ihrem Mann abklärt, fällt ihr seine etwas zurückhaltende Zustimmung auf. Für den Sonntag vor dem Termin meldet sich Bezirksapostel Pos zum Mittagessen bei Lebers an. Arglos freut sich Schwester Leber auf seinen Besuch. Beim Essen sagt der Bezirksapostel zu ihr: „Du brauchst nicht mehr nach Bremen ziehen!" Auf ihre verwunderte Rückfrage antwortet ihr der Bezirksapostel: „Ich gehe wieder zurück in die Niederlande und dein Mann wird noch in diesem Monat Bezirksapostel für Norddeutschland."
Am 22. November 1992 wird Wilhelm Leber zum Bezirksapostel von Norddeutschland ordiniert. 14 Monate später, am 16. Januar 1994, vergrößert sich sein Verantwortungsbereich noch um Mecklenburg-Vorpommern.

Die Ordination zum Bezirksapostel durch Stammapostel Richard Fehr am 22. November 1992

Der jüngste Bezirksapostel

Wilhelm Leber kommt als Bezirksapostel in einen Kreis bewährter und erfahrener Männer, darunter Arno Steinweg, Karl Kühnle, Robert Higelin und Klaus Saur. Mit 45 Jahren ist er der Jüngste. Auf den jungen Bezirksapostel wirkt es, als begrüße es der Kreis, dass eine junge Generation frische Gedanken mitbringt. Hinzu kommt, dass Bezirks-

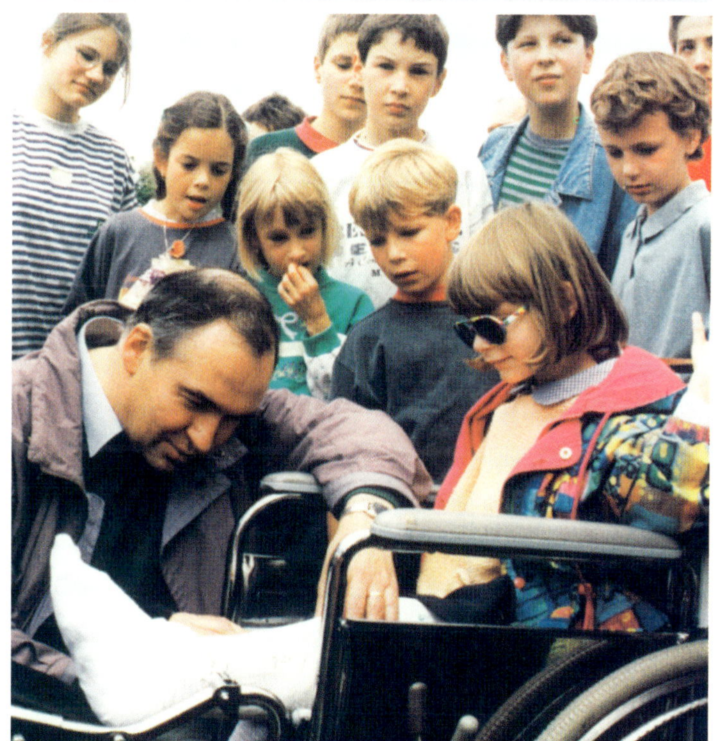

apostel Leber eine liberale Haltung hineinträgt, die mit der von Stammapostel Fehr übereinstimmt.

In seinen ersten Besprechungen im Kreis der Bezirksämter äußert Wilhelm Leber deutlich: „Ich bin Bezirksapostel, aber bin es eigentlich noch nicht, ich muss da erst mal ankommen!“ Damit erwirbt er sich Vertrauen. Er hält nichts davon, Abstand zu den Geschwistern aufkommen zu lassen, unnahbar zu sein, sondern sucht, wo es geht, ihre Nähe. Im Gottesdienst lässt er sie teilhaben an seinen Empfindungen und Betrachtungen; das ist für viele neu.

Bezirksapostel Leber liegt viel daran, die Meinung derer zu hören, die um ihn sind. Ob Apostel oder Mitarbeiter in der Kirchenverwaltung. In Zusammenkünften will er, was das „Tagesgeschäft“ angeht, nicht bloß über seine Vorhaben informieren. Er spricht ein Thema an, stellt eine Frage und wünscht, dass sich jeder dazu äußert. Er fordert seine Mitarbeiter auf, ihre persönliche Sicht der Dinge vorzutragen. Dadurch weiß jeder, dass er zur Entscheidungsfindung beigetragen hat, auch wenn der gefasste Beschluss in eine andere Richtung gehen sollte. Wilhelm Leber widerstrebt es, die Autorität seines Amtes einzusetzen. Seine Autorität gründet auf seiner Kompetenz, seiner Intelligenz und seiner Souveränität. Stellt sich heraus, dass eine getroffene Entscheidung geändert werden soll, ändert er diese.

Der Naturwissenschaftler zeigt sich immer dann, wenn es um komplexe Fragen außerhalb der Theologie geht. Er sucht Rat, die Kenntnisse von anderen, holt Erfahrungen und Wissen ein. Er macht sich so sein Bild als Grundlage für seine Entscheidung.

Heiß begehrt: Monatsrundschreiben

Wilhelm Leber setzt als Bezirksapostel eine in Norddeutschland lange geübte Praxis fort. Er übermittelt den Amtsbrüdern Monatsrundschreiben. Den Mitteilungen gibt er ein eigenes Gepräge und einen eigenen Stil. Darin geht es sowohl um Aufschlüsse über Worte aus der Heiligen Schrift als auch um Themen aus der Lebenspraxis.

Ein Beispiel: Unter der Überschrift „Einfühlsame Seelsorge“ ist zu lesen, dass der Herr Jesus nicht alles, was er wusste, ausgesprochen hat, sondern seine Äußerungen dosiert hat entsprechend der Tragkraft derjenigen, mit denen er redete. „Das ist ein Zeichen von Einfühlsamkeit in die Verhältnisse anderer. Daraus lässt sich für uns ableiten: Man muss nicht alles, was man weiß, mitteilen. Es ist wichtig, zunächst einmal zu beurteilen, wie der andere wohl mit unserem Hinweis umgehen kann. Ist dem Betreffenden unsere Äußerung zum Segen? Hilft sie ihm weiter? Ein solcher Ansatz ist insbesondere in der Seelenpflege bedeutsam. Das

ist der Kern einer einfühlsamen Seelenpflege. Ich nenne ein paar Beispiele: Da ist ein Jugendlicher im Gottesdienst mit extrem modischem Outfit – vielleicht ein Knopf im Ohr oder Ähnliches. Wie reagiert er wohl, wenn wir ihn darauf ansprechen? Kann er das ertragen oder ist es für ihn Anlass, sich zu verschließen, eventuell sogar die Gemeinschaft zu meiden?
Da ist eine Schwester, die nur unregelmäßig die Gottesdienste besucht. Dient es ihr zum Segen, wenn sie darauf angesprochen wird? Kann sie im Rahmen ihrer Verhältnisse überhaupt anders handeln? Es ist gut, wenn wir solche Fragen in uns bewegen, bevor wir uns entsprechend äußern."
Bezirksapostel Leber schafft damit Orientierung. Die Rundschreiben werden nicht nur zur Kenntnis genommen, sondern freudig erwartet, auch von den Brüdern im Ruhestand.

Der Kirchenpräsident – Zuhören statt durchgreifen

Auch als Kirchenpräsident liegt Wilhelm Leber viel daran, den Rat seiner Mitarbeiter zu hören. Er möchte sie mit in die Verantwortung nehmen und ihnen seinen Weg verständlich machen.
Türen und Schränke bleiben offen als ein Beweis des Vertrauens. Dieses Vertrauen, das er uneingeschränkt jedem entgegenbringt, lässt die Mitarbei-

Kuchen und Ei zum russischen Osterfest 2002 in Kamensk-Uralski

ter nach allen verfügbaren Möglichkeiten suchen, es zu rechtfertigen. Hartes Durchgreifen ist nicht seine Sache.

Fehlern seiner Mitarbeiter begegnet der Bezirksapostel mit Nachsicht, was ihm weniger Wohlgesonnene als Schwäche auslegen. Ein Beispiel: In Hamburg wird er oft von einem Mitarbeiter der Verwaltung, einem Evangelisten, chauffiert. Auf ihn wartet der Bezirksapostel nach der Rückkehr von einer Reise am Flughafen. Schließlich ruft er in der Verwaltung an und erfährt: Der Evangelist ist außerhalb von Hamburg unterwegs - und hat den Termin völlig vergessen. Kurzerhand nimmt sich der Bezirksapostel ein Taxi - und verliert kein Wort mehr darüber.

Der Bezirksapostel als Seelsorger

Apostel Karlheinz Schumacher berichtet von einem Erlebnis in Russland:

„Wir waren zusammen auf einer Reise in Russland. An einem Morgen wachte ich auf und fühlte mich unendlich schlecht, ich konnte mich kaum auf den Beinen halten. Was haben wir gemacht? Der Bezirksapostel hat gebetet und die uns begleitenden Brüder haben alle Tabletten zusammengekratzt, die ich einnehmen musste. Die Brüder fuhren weg, um Geschwister und Gäste zu besuchen, und der Bezirksapostel blieb bei mir. Er hat mich unglaublich liebevoll versorgt, mir Kekse gebracht, Tee gekocht, mich in eine Decke gewickelt – wie eine Mutter. Dann hat er mit mir die Aufgaben des Tages besprochen und mich beruhigt, er würde das übernehmen. Das vergesse ich nie. Abends konnte ich wieder einen Gottesdienst halten.“

Der Bezirksapostel erhält sehr viele Briefe, Faxe und E-Mails. Nicht alle sind angenehm, manche auch mit verletzenden und beleidigenden Inhalten. Dennoch bemüht sich der Bezirksapostel in seinen Antworten um Wertschätzung des Schreibers. Sein Wahlspruch lautet: „Es nutzt nichts, Böses mit Bösem und Scheltwort mit Scheltwort zu vergelten" (vgl. 1. Petr 3,9). Grundlage dafür ist seine innere Überzeugung, dass auch er selbst nicht im Besitz der absoluten Wahrheit ist.

Verständlich, anschaulich, bildhaft – darum bemüht sich der Bezirksapostel in seinen Predigten. Er überträgt Gleichnisse oder Geschehnisse aus der Bibel in unsere Zeit so, dass sie ihre Schwerfälligkeit verlieren. Dabei bleibt nichts in der Unverbindlichkeit. Lebendige Wortverkündigung macht es möglich, den Gottesdienst „mit nach Hause zu nehmen". Die klar gegliederte Predigt enthält immer einen Aufruf zum aktiven Handeln oder, um es in der Sprache der Bibel zu sagen, zur Nachfolge Christi.

Bezirksapostel Leber in Krasnoturinsk, vor dem ersten Kirchengebäude im Asiatischen Ural

Tag der offenen Tür in Krasnoturinsk

Apostel Karlheinz Schumacher berichtet von einem weiteren Erlebnis in Russland:

„Wir sind zusammen in Russland gewesen, der Bezirksapostel hat eine neue Kirche eingeweiht in Krasnoturinsk, einer Stadt mit vielleicht 200.000 Einwohnern. Die Kirche steht mitten in der Stadt, auf einer kleinen Anhöhe. Es waren etwa zehn Brüder mit dabei. Nach dem Gottesdienst am Sonntagvormittag wurden sie in die Nachbargemeinden geschickt, um dort Gottesdienst zu halten und das Wort weiterzutragen.

Wir haben einen ‚Tag der offenen Tür' geplant, nachmittags von 14.00 Uhr bis abends um 18.00 Uhr. Da die anderen Brüder unterwegs waren, blieben nur noch zwei örtliche Brüder da, ein Priester und der Bezirksälteste, außerdem der Bezirksapostel und ich als zuständiger Apostel. In Hamburg kommen zu einem solchen Anlass vielleicht 20 oder 30 Personen. Hier war das anders. Die Tür ging auf, da standen sie draußen Schlange und strömten herein. Für uns kam das unerwartet. Was sollten wir mit den vielen Menschen machen? Sie kamen und beteten, besahen sich alles, gingen wieder, und es kamen neue. Die ganze Zeit war die Kirche fast immer voll. Ich sagte zum Bezirksapostel: ‚Mit einer solchen Anzahl haben wir nicht gerechnet. Wie sollen wir das mit nur vier Mann bewerkstelligen?' Er sagte: ‚Ganz einfach. Ich setze mich an die Orgel – keine Pfeifenorgel, ein kleines Instrument –, du gehst an den Altar und sprichst über unsere Kirche und unseren Glauben, ein Bruder übersetzt und einer sorgt für die Ordnung.' Er ging an die Orgel und fing an zu spielen, von 14.00 Uhr bis 18.00 Uhr. Er spielte und spielte, und das ohne Noten. Zwischendurch habe ich ihn gefragt: ‚Was spielst du eigentlich?' Er sagte: ‚Ich spiele aus meiner Erinnerung das gesamte Gesangbuch durch von Nr. 1 bis 652.' Er hat das gesamte Gesangbuch, ein Lied nach dem anderen, aus dem Kopf gespielt! So hat unser Bezirksapostel die ganze Zeit gespielt und ich habe zwischendurch über unseren Glauben erzählt. Am Abend haben wir uns vor Freude in den Armen gelegen: Wie ist das gut gelaufen, als hätten wir das jahrelang vorbereitet und geprobt, und es war doch improvisiert, aus dem Moment heraus."

Anspruchslos und ohne Statusdenken

Auch als Bezirksapostel noch an der Orgel aktiv

Ansprüche stellen – das ist Wilhelm Leber fremd. Seine Büroausstattung übernimmt er von seinem Vorgänger. Für Flugreisen bucht er alles andere als die 1. Klasse, auch wenn er sich – wie Mitreisende berichten – aufgrund seiner Körpergröße in den Sitz zwängen muss. Für das Auto, das ihm die Kirche zur Verfügung stellt, äußert er nur einen Wunsch: Er möchte ein Fahrzeug mit Automatikgetriebe. Marke und Ausstattung überlässt er der Wahl eines Mitarbeiters. Was für sein Auto gilt, gilt auch für seine Anzüge. Seiner Frau fällt es schwer, ihn davon zu überzeugen, dass hin und wieder ein neuer Anzug fällig ist.

Das Mitglied in der Koordinationsgruppe

Wilhelm Leber liebt Gespräche und Diskussionen. Diese Eigenschaft zeigt sich in der Arbeit in kirchlichen Gremien, in die ihn Stammapostel Fehr beruft. So arbeitet Wilhelm Leber viele Jahre in der Koordinationsgruppe, kurz KG genannt, davon zwei Jahre als Vorsitzender. Diese Gruppe wurde eingerichtet, um die vielen kirchlichen Projekt- und Arbeitsgruppen zu begleiten, ihre Ergebnisse zu sichten und daraus Vorschläge abzuleiten, die dem Stammapostel oder der Bezirksapostelversammlung zur Entscheidung vorgelegt werden. Jedes der drei Mitglieder der KG muss sich also in unterschiedlichste Themen und Fragestellungen hineinlesen und die vorgelegten Unterlagen mit Kommentaren entweder an die Gruppe zurückgeben oder dem Stammapostel zuleiten.

So tragen unter anderem die Lehrwerke, die die Kirche Anfang der 1990er-Jahre herausbringt, die Handschrift von Bezirksapostel Leber. Die Projektgruppe „Lehrmittel“ unter der Leitung von Apostel Brinkmann hat Konzept und Unterlagen erarbeitet, und nach einer theologischen Bewertung kommt das Material zur KG. Bezirksapostel Leber als der zuständige Referent hat sich, wenn es unterschiedliche Auffassungen gab, persönlich und direkt eingeschaltet. Die Entwicklung der KG verdeutlicht folgende Zahl: Als die Gruppe gegründet wurde, waren etwa 50 Anliegen im Jahr zu besprechen. Inzwischen sind es viele Hundert Anliegen jährlich.

Stammapostel Fehr beauftragt Bezirksapostel Leber die Gebietskirche NRW zu leiten

Im Norden und in NRW

„Bist du bereit, für drei bis vier Jahre zusätzlich zu Norddeutschland auch die Gebietskirche Nordrhein-Westfalen zu betreuen?“ Diese Frage stellt Stammapostel Fehr im Dezember 2002 Bezirksapostel Leber auf dem Rückflug von New York nach Europa. Ohne lange zu überlegen, wie er das schaffen kann, sagt Bezirksapostel Leber zu.

Zwei Wochen später: In einer Zusammenkunft mit den Aposteln aus Nordrhein-Westfalen am 31. Dezember 2002 kündigt Stammapostel Fehr an, dass er am Neujahrstag 2003 Bezirksapostel Ehlebracht aufgrund seiner angegriffenen Gesundheit vorzeitig in den Ruhestand versetzen werde. Im Gottesdienst beauftragt er Bezirksapostel Leber, auch die Gebietskirche Nordrhein-Westfalen zu leiten.

Mit Süßigkeiten immer zu kriegen!

An Rhein und Ruhr kennt niemand den neuen Bezirksapostel näher – bis auf die Geschwister in seiner Geburtsstadt Herford. Aufgrund privater Kontakte wird Apostel Schumacher gefragt: „Wie ist denn euer Bezirksapostel so?“ Er antwortet: „Das ist ein sehr offener Mann, der die Gemeinschaft sucht. Macht doch mal, wenn er am Mittwochabend Gottesdienst hält, etwas Kaffee und stellt ein paar Kekse bereit. Dann habt ihr ihm eine Freude gemacht. Außerdem bleibt er ein wenig länger bei euch und ihr könnt ganz ungezwungen mit ihm reden.“ „Aber das geht doch nicht“, lautet ein verständlicher Einwand: „Wenn der Gottesdienst mit anschließendem Verabschieden um 21.30 Uhr endet, dann will er doch gewiss nach Hause? Er hat doch noch eine weite Strecke zu fahren!“ Apostel Schumacher erwidert: „Ich garantiere euch, er bleibt noch eine Stunde. Allerdings steht er nicht da und fragt: ‚Will noch jemand etwas von mir?‘ Aber wenn ihr einen Anlass dafür schafft, wird das gut. Probiert es aus!“ Monate später erhält Apostel Schumacher eine Rückmeldung: „Vielen Dank für den Rat. Das war für alle ein Gewinn.“

Überhaupt: Zeitnot scheint Bezirksapostel Leber nicht zu kennen. Ob es geplante Treffen sind oder zufällige Begegnungen, er nimmt sich seines Gegenübers so an, dass dieser das Gefühl hat: Im Augenblick ist dem Bezirksapostel nichts wichtiger als das Gespräch mit mir. Auch die Zusammenkünfte mit den Aposteln dauern nun länger, bis gemeinsame Entscheidungen erarbeitet werden.

Der Antrittsgottesdienst

Für den 12. Januar 2003 hat Bezirksapostel Leber seinen ersten Gottesdienst in Nordrhein-Westfalen terminiert. In Dortmund will er einen Gottesdienst halten, zu dem die Vorsteher und ihre Frauen eingeladen sind. Im Ämterzimmer kündigt er den Aposteln und Bischöfen an, dass er mit einem Wort dienen werde, welches Stammapostel Fehr in einer Bezirksapostelversammlung (BAV) im November in Zürich verwendet hat. Die Apostel und Bischöfe sind überrascht. „Bezirksapostel, mit diesem Wort habe ich bereits unter den Bezirksämtern gedient!“, äußert Apostel Armin Brinkmann. Bezirksapostel Ehlebracht hatte ihn dazu beauftragt, da er nach der BAV erkrankt war. „Und, geben die Bezirksämter das an die Vorsteher weiter?“ – „Da kannst du hundertprozentig sicher sein.“ Bezirksapostel Leber überlegt kurz und sagt: „Dann nehmen wir Römer 12,8: Steht jemand der Gemeinde vor, so sei er sorgfältig.“ Aus dem Stand heraus hält er einen Gottesdienst, der den Teilnehmern noch heute im Gedächtnis und im Herzen steht. Besonders nachhaltig wirkt seine Aufforderung: „Ihr lieben Brüder, ich weiß, dass es gar nicht so leicht ist, eine Gemeinde zu leiten. Ich kenne eure Sorgen und auch eure Nöte. Ich will euch Mut machen und bitten: Tut was, arbeitet! Und wenn ihr einen Fehler machen solltet, stehe ich zu euch!“

Umfassendere Missionsarbeit

Die Missionsarbeit der Gebietskirche Norddeutschland ist auf die nordischen Länder wie Schweden, Finnland, Norwegen sowie Dänemark mit Grönland und auf Teile von Russland beschränkt. Nach der Übernahme von Nordrhein-Westfalen öffnet sich das Arbeitsfeld beträchtlich. Dadurch weitet sich der Blick von Bezirksapostel Leber auf die Bedürfnisse und Erfordernisse der Kirche in Afrika und Asien.

Mehr als zwei Jahre leitet er zwei Gebietskirchen, ohne eine der beiden zu vernachlässigen. Zum gegenseitigen Verstehen trägt auch bei, dass der Bezirksapostel den Austausch untereinander sehr fördert. Was sich in der einen Gebietskirche bewährt hat, wird von der anderen übernommen. Diese enge Zusammenarbeit setzen später die Bezirksapostel Brinkmann und Schumacher fort.

Erste Vorzeichen?

Im Juni 2004 besucht Brigitte Raith, Wilhelm Lebers Stiefschwester, ihren Vater Heinz in Kanada. Dabei unterhalten sich Vater und Tochter, wer an Pfingsten 2005 die Nachfolge von Stammapostel Fehr antreten werde, der für diesen Termin seinen Ruhestand angekündigt hatte. „Willi wäre der Richtige", meint Vater Raith, fügt allerdings hinzu: „Mir tut nur die Bärbel leid." Vier Monate später, im Oktober 2004, stirbt Heinz Raith. Nach der Trauerfeier spricht Schwester Hildegard ihren Stiefbruder an: „Du, es wird davon gesprochen, dass du Stammapostel werden könntest!" Wilhelm Leber beschwichtigt seine Schwester: „Manchmal kommt einem schon der Gedanke, dann kriege ich Angst. Aber dann sage ich mir: Wie es der liebe Gott macht, ist es gut. Zudem sind einige da, die könnten das besser. Daher mache ich mir darum keine Sorgen."

Pfingsten 2005 kommt näher – die Gerüchteküche brodelt. In Internetforen werden Namen genannt, und auch im Kreis der Geschwister drehen sich viele Gespräche um die Frage: Wer wird Nachfolger von Stammapostel Fehr? Der Kreis der potenziellen Nachfolger beschränkt sich in den Diskussionen auf zwei Kandidaten: So muss auch Bezirksapostel Leber damit umgehen, dass sein Name gehandelt wird. Und auch manches geschrieben wird. So erfährt Schwester Leber von ihren Kindern, ihr Mann habe angeblich bereits eine Wohnung in Zürich gekauft. So stehe es im Internet – Schwester Leber ist darüber mehr als verärgert.

Bis in den Mai 2005 lässt Stammapostel Fehr offen, wen er im Amt als Nachfolger im Auge hat. Sein Ziel ist es, einen geordneten und planvollen Übergang zu schaffen. Daher nehmen die beiden von vielen Geschwistern in Aussicht genommenen Bezirksapostel vom jeweils anderen an, er sei über die Pläne des Stammapostels informiert. Aus der Sicht von Bezirksapostel Leber wird diese Zuversicht genährt, als Stammapostel Fehr einen überraschenden Besuch im Bereich seines Amtsbruders einlegt. Für Wilhelm Leber scheint es sicher: An diesem Wochenende wird dort das entscheidende Gespräch geführt – und Wilhelm Leber entspannt sich.

Die Unterredung in Hamburg

30. April 2005. Stammapostel Fehr soll am nächsten Tag einen Gottesdienst in Hamburg mit Bild- und Ton-Übertragung in die gesamte Gebietskirche halten. Am Samstagabend begleiten ihn Bezirksapostel Leber und die Ehefrauen nach dem Abendessen zum Zimmer. Vor der Tür sagt Stammapostel Fehr: „Wartet noch mal, ich muss was mit euch besprechen!" Schwester Leber und Schwester Fehr gehen in ein anderes Zimmer, während

Stammapostel Fehr dem Bezirksapostel eröffnet, was geschehen soll. Diesen Augenblick beschreibt Stammapostel Leber so: „Da fühlt man sich, als ob der Boden unter einem entweicht. In diesem Augenblick habe ich mich miserabel gefühlt. Ich war völlig konfus, wusste auch nicht, wie man darauf reagieren soll. Hinterher sind mir alle möglichen Argumente eingefallen: Warum hast du das so einfach akzeptiert? Ich habe nicht viel gesagt. Ich habe den Stammapostel gebeten, es auch meiner Frau zu sagen. Sie kam, und er hat es ihr eröffnet. Wir haben schlecht geschlafen in dieser Nacht." Viele Gedanken gehen den beiden durch den Kopf, darunter auch so ganz praktische: Wie richten wir unser Leben ein? Müssen wir unser Haus, unsere Gemeinde in Buchholz aufgeben und nach Zürich ziehen? Bärbel Leber weiß aus eigener Anschauung, wie die Frau eines Amtsträgers beobachtet wird. Es entspricht gar nicht ihrer Art, im Mittelpunkt zu stehen. Sie ist nicht das, was man landläufig eine „First Lady" nennt, und will das auch nicht sein. Ihr ist aber sehr bewusst, dass sie ihrem Mann noch mehr zur Seite stehen wird.

Stammapostel Fehr hat die späte Ankündigung damit begründet, dass er seinen Nachfolger nicht zu lange zuvor beunruhigen wollte. Für ihn war schon lange klar, wie sich die Nachfolge gestaltet. In seinen „Erinnerungen" beschreibt er das Geschehen aus seiner Sicht wie folgt: „Hier darf ich nochmals auf den späten Samstagabend in Hamburg zurückblenden. Ich eröffne Bezirksapostel Wilhelm Leber und dann auch seiner Frau Barbara, dass ich ihn

Bezirksapostel Leber (1. v. l.), Stammapostel Fehr (2. v. l.), Bezirksapostel Engelauf (2. v. r.)

als meinen Nachfolger erbeten und ausersehen habe. Was in jenen Augenblicken in den Seelen vorging, kann ich hier nicht auf Papier festhalten. Bezirksapostel Leber spricht einige Tage später die Worte: ‚Es traf mich wie ein Keulenschlag!' Er und auch seine Frau haben die Größe, ja die Heiligkeit der Stunde erfasst und, wenn auch mit bebendem Herzen, Ja gesagt. ... Kurz und gut: Jene Samstagnacht vom 30. April 2005 in einem Hotelzimmer in Hamburg werden der alte und der neue Stammapostel nie vergessen!"

Der Hintergrund der Entscheidung

Stammapostel Fehr sieht in den letzten drei, vier Jahren seiner Amtstätigkeit Bezirksapostel Leber als seinen Nachfolger. Von Stammapostel Urwyler hat er übernommen, den Namen eines vorgesehenen Nachfolgers im Stammapostelamt im Tresor der NAK International zu hinterlegen für den Fall seiner unerwarteten Dienstunfähigkeit. Der Name des von ihm ins Auge gefassten Kandidaten wechselt jedoch im Lauf der 17 Jahre Amtszeit, weil die vorgesehenen Bezirksapostel mit ihm älter werden. „Es macht keinen Sinn, eine Bestimmung zu treffen, die nur für drei oder vier Jahre gilt", so die Sicht von Stammapostel Fehr. Er hält acht bis zehn Jahre für die geeignete Amtsdauer. Die Beanspruchung durch dieses Amt sei immens. Für die Erfordernisse der heutigen Zeit stellten seine 18 Jahre Amtszeit, rechnet man das eine Jahr als Stammapostelhelfer hinzu, eine große Herausforderung dar. Heute verbrauche sich ein Mann in diesem Amt, und zwar nach Geist, Seele und Leib, dreimal schneller als früher, so die Einschätzung von Stammapostel Fehr.

Hinzu kommen positive Reaktionen aus Nordrhein-Westfalen, die Stammapostel Fehr erhielt, nachdem er Bezirksapostel Leber mit der Leitung dieser Gebietskirche beauftragt hatte. Und ein weiterer, wichtiger Aspekt ist das Mitdienen des Bezirksapostels Leber, das das Herz von Stammapostel Fehr wie auch die Gemeinde erreicht.

Die Zeit bis Pfingsten

Im Gottesdienst am 1. Mai 2005 suchen die Teilnehmer in nah und fern nach Indizien, ob aus der Predigt oder dem Verhalten von Bezirksapostel Leber etwas herauszulesen ist, erkennen aber nichts. Lediglich die Kinder des Bezirksapostels Leber und seine Frau sind eingeweiht. Und eine weitere Person: der Kirchensprecher, Bezirksevangelist Peter Johanning.

Er ist in der Woche vor Pfingsten im Auto unterwegs von Bielefeld nach Frankfurt, als ihn sein Bezirksapostel Leber anruft. Nach der Erinnerung des heutigen Bischofs verläuft das Gespräch ungefähr so: „Lieber Peter, ich weiß nicht, ob du dir das denken kannst, aber ich werde dein neuer Chef. An Pfingsten soll es so weit sein. Bitte, bete für mich. Lass uns gut zusammenarbeiten. Ich bin sehr daran interessiert, dass wir uns weiterhin gut verstehen." Auch für den Kirchensprecher kommt diese Ankündigung überraschend, wenngleich auch er sich vorstellen kann, aus welchem überschaubaren Kreis der künftige Stammapostel hervorgehen wird. Das Telefonat beweist ihm aber, dass der neue Stammapostel ihm vertraut und auch weiterhin auf ihn als Kirchensprecher setzen wird. Aus dem Auto heraus gibt er ihm zur Antwort: „Bezirksapostel, ich bete für dich. Ich kann mir aus der Zusammenarbeit mit Stammapostel Fehr ungefähr vorstellen, was auf dich zukommen wird. Du sollst wissen: In mir hast du allzeit einen loyalen Mitarbeiter." Aufgrund dieses Gesprächs bereitet der Kirchensprecher eine Pressemitteilung vor. Diese Nachricht soll veröffentlicht werden, nachdem Stammapostel Fehr den Aposteln seinen Nachfolger vorgestellt hat.

„Gruselige" Tage

Die wenigen Tage bis Pfingsten empfinden sowohl Bezirksapostel Leber als auch seine Frau als „gruselig". Sie haben den Eindruck, als würde ihre Umgebung stärker als zuvor auf sie schauen, als versuche sie herauszulesen, ob Worte oder Nichtgesagtes Anlass zur Spekulation bieten. Selbst seiner Sekretärin in Hamburg sagt Wilhelm Leber nichts. Als sie aber nach dem 1. Mai für ihn einen Flug nach Zürich buchen muss, macht sie sich nach einem Blick in sein Gesicht einen Reim darauf, ohne darüber aber mit ihm oder einem Dritten zu sprechen.

Brasilien 2006

Bolivien 2008

„Gehet hin in alle Welt und predigt das Evangelium aller Kreatur."

Markus 16,15

AMERIKA

Uruguay 2012

Kanada 2012

Kanada 2012

Bolivien 2008

Uruguay 2012

Uruguay 2012

Kanada 2011

„Wenn ich den Ruf annehme, tue ich das im Vertrauen auf den lieben Gott. Auf dieser Zuversicht gründet mein Sendungsbewusstsein, und diese Sicherheit will ich auch nach außen tragen."

Wilhelm Leber

Internationale Apostelversammlung am 13. Mai 2005 in der Liederhalle Stuttgart

Aber nur wenige sind eingeweiht, wer ab Pfingsten Oberhaupt der Neuapostolischen Kirche sein wird. Es scheint verständlich, dass die eingeladenen Apostel mit prüfendem Blick auf die Bezirksapostel schauen: Wessen Verhalten lässt darauf schließen, dass die Wahl auf ihn gefallen ist? So werden auch Bezirksapostel Wilhelm Leber und seine Frau Bärbel aus Hamburg beäugt, als sie die Hotelhalle betreten. Beide wirken offen und freundlich.

Gespräch am Vorabend unter den Bezirksaposteln Barnes, Klingler und Leber (v. l.)

Stammapostel Fehr sitzt in der Apostelversammlung erhöht und blickt auf die Apostel. In den ersten Reihen haben die Bezirksapostel Platz genommen. Alle warten gespannt auf die Nachricht. Sie kommt als erster Tagesordnungspunkt: „Ich habe zu meinem Nachfolger Bezirksapostel Wilhelm Leber aus Hamburg bestimmt." Die Apostelversammlung erhebt sich, als Bezirksapostel Leber zu Stammapostel Fehr geht und neben ihm Platz nimmt. Als dienstältester Bezirksapostel und Sprecher der Apostel ergreift Bezirksapostel Klaus Saur das Wort und sichert dem neuen Stammapostel Loyalität und treue Nachfolge zu. Unmittelbar darauf geht die von Bezirksevangelist Johanning vorbereitete Meldung rund um die Welt. Sie hat folgenden Wortlaut:

13.05.2005, Stuttgart. Dr. Wilhelm Leber, bislang Bezirksapostel im Norden Deutschlands, wird Nachfolger von Stammapostel Richard Fehr und damit neuer Stammapostel der Neuapostolischen Kirche.

Am Anfang der Internationalen Apostelversammlung in Stuttgart, zu der alle aktiven Apostel der Neuapostolischen Kirche weltweit eingeladen sind, äußerte sich Stammapostel Richard Fehr mit bewegten Worten zur Nachfolgefrage. Nach viel Gebet und jahrelanger Beobachtung sei in ihm der Name seines Nachfolgers immer klarer hervorgetreten, sagte Stammapostel Richard Fehr, der im Festgottesdienst am Sonntag nach 17 Jahren Amtstätigkeit als Leiter der internationalen Neuapostolischen Kirche in den Ruhestand treten wird.

Bezirksapostel Wilhelm Leber ist 57 Jahre alt und wohnt in Hamburg.

Die nächste Mitteilung veröffentlichen wir am Sonntag.

Alle Apostel der Gebietskirche Süddeutschland und der betreuten Gebiete mit dem alten und neuen Stammapostel

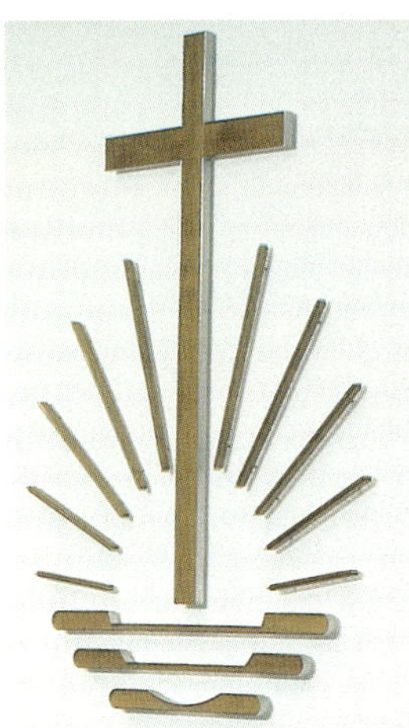

Im Ämterzimmer in Fellbach: Bezirksapostel Wilhelm Leber, Stammapostel Richard Fehr und der dienstälteste Bezirksapostel Klaus Saur (v. l.)

*„Nichts hab ich zu bringen,
alles, Herr, bist du!“*

Am Samstag sind die Teilnehmer der Apostelversammlung zu einem Konzert eingeladen. Bezirksapostel Saur würdigt dabei die 17 Jahre, die Stammapostel Fehr in diesem Amt gedient hat. Dieser stellt den Versammelten seinen Nachfolger vor. In nur wenigen Worten erinnert Bezirksapostel Leber an einen Liedvers, den er in seinem ersten Mitdienen als Diakon zitiert habe. Dieser Vers habe bis heute nichts an seiner wegweisenden Bedeutung für ihn verloren und werde ihn auch weiter begleiten: „Nichts hab ich zu bringen, alles, Herr, bist du!“

„Ich darf euch sagen, was in meiner Seele steht: Ich will den Herrn lieben über alles, und aus der Liebe zu ihm möchte ich euch dienen von ganzem Herzen! Wir wollen es uns gegenseitig leicht machen, das Ziel des Glaubens bald zu erreichen. Ich reiche euch beide Hände und verspreche euch: Ich werde euch immer lieben!"

Ordination von Stammapostel Wilhelm Leber und Ruhesetzung von Stammapostel Richard Fehr

Das Pfingstfest 2005

2,2 Millionen Teilnehmer in aller Welt erleben am Pfingstsonntag den bisher einmaligen Akt, dass ein Stammapostel seinen Nachfolger ordiniert und anschließend von ihm in den Ruhestand versetzt wird. Erstmals in der Geschichte der Kirche erfolgt die Übertragung des Gottesdienstes in alle fünf Kontinente. Seine Predigt stellt Stammapostel Fehr unter das Bibelwort Lukas 24,49 (Und siehe, ich will auf euch herabsenden, was mein Vater verheißen hat. Ihr aber sollt in der Stadt bleiben, bis ihr ausgerüstet werdet mit Kraft aus der Höhe). Danach ruft er Bezirksapostel Leber an den Altar. Dieser bezieht sich auf die Aussage von Stammapostel Fehr, wonach das Motiv dafür, in der Stadt Gottes zu bleiben, Liebe ist: „Ich darf euch sagen, was in meiner Seele steht: Ich will den Herrn lieben über alles, und aus der Liebe zu ihm möchte ich euch dienen von ganzem Herzen! Wir wollen es uns gegenseitig leicht machen, das Ziel des Glaubens bald zu erreichen. Ich reiche euch beide Hände und verspreche euch: Ich werde euch immer lieben!"

Ort der Ordination: die Kirche in Fellbach

Die Festgemeinde in Fellbach

Wer es miterlebt hat, wird nie vergessen, wie Stammapostel Fehr Bezirksapostel Leber als Stammapostel ordiniert und ihm unter anderem zusagt: „Wenn ich dir die Last des Stammapostelamtes nun übergebe, garantiere ich dir: Du wirst darunter nicht zusammenbrechen!"

Als seine erste Amtshandlung setzt Stammapostel Leber den bisherigen Träger dieses Amtes in den Ruhestand. Er würdigt ihn als einen, der in anspruchsvoller Zeit umsichtig handelte, der Türen geöffnet, neue Impulse gegeben und Mut und Weitsicht bewiesen habe. Die Apostel hätten von ihm gelernt, nicht nur ihre eigene enge kleine Welt zu sehen, sondern das Ganze. „Du hast in Treue gedient, in Treue zu deinem Sender und in Treue zu deinem Amt, aber auch in der göttlichen Klugheit. Du warst ein großartiger Speisemeister. Du hast Trauernde getröstet. Du hast für uns immer Zeit gehabt, du hattest ein offenes Ohr für uns, du hattest Verständnis. Dieses Erbe wollen wir Apostel bewahren."

Am Nachmittag des Pfingstsonntags verabschiedet sich der neue Stammapostel von den vielen Aposteln. Er trägt nun die Verantwortung für die Kirche, trägt das Amt, das den Petrusdienst versieht, und fühlt die Erwartungen der Gotteskinder auf der ganzen Erde.

Pfingstmontag – Der Tag danach

Pfingstmontag in Bremen: Beim Frühstück eröffnet Apostel Schumacher seiner Frau: „Wir besuchen den Stammapostel." Sie hat, was gut zu verstehen ist, viele Einwände: „Das gehört sich nicht; wer sind wir denn, dass wir so einfach dahin gehen; ich gehe da nicht mit." Doch ihr Mann ist von seinem Vorhaben nicht abzubringen. Was ihm noch fehlt, ist ein schöner Blumenstrauß. Am zweiten Pfingstfeiertag sind aber in Bremen weder Blumenläden noch Gärtnereien geöffnet. Also geht es zum Bahnhof, wo aber dem Apostel das Blumenangebot für seinen Zweck nicht repräsentativ genug ist. Seine letzte Hoffnung: Flughafen. Dort findet er schließlich einen Strauß Rosen. Mit Blumen und mit seiner Frau, die immer noch voller Bedenken ist, macht er sich auf den Weg nach Buchholz. Er klingelt, und der Stammapostel öffnet. Er, der immer Nähe und Gemeinschaft vorgelebt hat, ist mit seiner Frau ganz allein. Der Besuch des Apostels tut ihm und Schwester Leber gut. Bezirksapostel Schumacher, der viele Jahre an der Seite des Stammapostels wirkt, bezeichnet dies als sein schönstes Erlebnis mit ihm.

Indien 2006

Israel 2012

„Gehet hin in alle Welt und predigt das Evangelium aller Kreatur."

Markus 16,15

ASIEN

Indonesien 2009

Indien 2010

Myanmar 2012

Indien 2008

Indonesien 2007

Ein Wochenende mit dem Stammapostel

Wochenende für Wochenende ist der Stammapostel unterwegs. Entweder im Flugzeug, mit der Bahn oder – bei kürzeren Strecken – mit dem Auto. Wie sieht so ein Wochenende des Stammapostels aus? Um das herauszufinden, begleiteten wir ihn auf einer Reise nach Wilhelmshaven, im Norden Deutschlands. ... >>

Auf dem Weg nach Wilhelmshaven

Samstag, 6. April 2013, 12.30 Uhr: Ein grüner Koffer, eine schwarze Tasche und Mäntel sind im Kofferraum verstaut. Der Stammapostel setzt sich auf den Beifahrersitz und zieht ihn ein wenig nach vorne, damit seine hinter ihm sitzende Frau genügend Platz hat. „Gottesdienst in Wilhelmshaven" steht für dieses Wochenende im Reiseplan des Stammapostels. Das Navigationsgerät berechnet die Fahrzeit mit knapp zwei Stunden.

Es ist der letzte Gottesdienst, den Stammapostel Leber in „seiner" Gebietskirche Norddeutschland halten wird. Auf dem Weg nach Wilhelmshaven erinnert er sich an manche Ereignisse aus vergangenen Tagen. Sie sind ihm deshalb so präsent, weil die Bremer Bezirke ihm anvertraut wurden, als er 1990 in das Apostelamt gerufen wurde. Auch in seiner Zeit als Bezirksapostel ist er oft in diesen Gemeinden eingekehrt. Damals war der Weg in die Nordseestadt beschwerlicher, weil die Autobahnen nicht ausgebaut waren. An einem Sonntag in der Frühe geriet sein Auto auf einem vereisten Teilstück ins Schleudern und überschlug sich. Nahezu unverletzt entstieg der Apostel seinem Fahrzeug, an dem Totalschaden entstanden war. Er bat den Fahrer eines hinzukommenden Wagens, die Polizei zu benachrichtigen und auch den auf ihn wartenden Bischof, damit dieser die Gemeinde versorgen konnte. Am Nachmittag dieses Sonntags hielt der Apostel wieder Gottesdienst. An den Unfall erinnerte lediglich ein Pflaster auf der Stirn.

Während der Fahrt beobachte ich den Stammapostel ein wenig. Morgen erwarten wieder Tausende von Gottesdienstteilnehmern von ihm eine ansprechende und packende Predigt. Dennoch wirkt er ruhig und entspannt. Ob seine innere Ruhe gewachsen ist aus der Erfahrung vieler Hundert Gottesdienste, die er in seinem Leben gehalten hat? Allein in den acht Jahren als Stammapostel waren es rund 400. Doch er ist keineswegs ein routinierter Redner, sondern ein Seelsorger, der immer wieder darum ringt, Gottes Wort und Willen mit Freuden verkündigen zu können. Dabei lässt er die Gläubigen an eigenen Erfahrungen, Erlebnissen und Gefühlen teilhaben. Ich frage mich: Woher kommt die Gelassenheit des Mannes auf dem Beifahrersitz?

Nach zweistündiger Fahrt erreichen wir das Hotel in der Stadt an der Jade. Schwester Birte Flügge und Hirte i. R. Detlef Machalett, Mitarbeiter der Kirchenverwaltung Norddeutschland, begrüßen uns. Schnell werden die Anmeldeformalitäten erledigt. Dann bringen der Stammapostel und seine Frau das Gepäck auf ihr Zimmer. Während Schwester Leber alles auspackt, hat ihr Mann kurz Gelegenheit, sich ein wenig frisch zu machen – doch Kaffee und Kuchen warten schon. In geselliger Runde treffen sich wenige Minuten später der Stammapostel, die eingeladenen Apostel und Bischöfe zu einem ersten Gedankenaustausch.

Die Kirche von Wilhelmshaven

Der Stammapostel und seine Frau Bärbel mit dem Gastgeber Bezirksapostel Rüdiger Krause

„Herzlich willkommen in Wilhelmshaven", begrüßt Bezirksapostel Rüdiger Krause den Stammapostel und seine Frau, die Apostel Philipp Burren aus der Schweiz und Jens Lindemann aus Hessen. In einer kurzen Ansprache berichtet der Stammapostel davon, er habe im Lauf der letzten Woche manche beunruhigende Nachricht erhalten. Er spricht von Krankheiten und Todesfällen aus dem Kreis der Apostel und Bischöfe sowie von unruhigen Gebieten, in denen Geschwister in Ängsten leben. An diesen Sorgen lässt er die kleine Schar teilhaben.

Eine halbe Stunde später geht es mit dem Bus in die Kirche. Dort beginnt um 17.00 Uhr ein Konzert. Der Stammapostel begrüßt die Anwesenden, darunter auch den Oberbürgermeister von Wilhelmshaven, und findet anerkennende Worte für das Programm. Es ist überschrieben mit den Worten „Musik aus der Familie Bach". „Als ich den Bezirksapostel gefragt habe, was denn so auf dem Programm steht, hat er das heruntergespielt mit: ‚So eine kleine Nachtmusik. Nein, nein, das ist keine kleine Nachtmusik – das verspricht anspruchsvoll zu werden. Wir wollen das Konzert genießen.'" Eineinhalb Stunden später äußert der Stammapostel: „Was soll man sagen zu einem solchen Feuerwerk, zu einer solchen Brillanz?" Wer die Liebe des Stammapostels zu Klavier und Orgel kennt und seine Hoffnung, ab Pfingsten mehr Zeit dafür zu haben, kann die folgende Bemerkung recht einschätzen: „Ich stehe ja kurz vor dem Ruhestand und habe die Aussicht, mich dann verstärkt wieder musikalisch betätigen zu können. Als wir aber diesen Bruder erlebten, der so hervorragend Spinett und Flügel beherrschte, hat mich meine Frau

Impressionen von dem Wochenende in Wilhelmshaven

etwas mitleidig angeschaut, so mit dem Gedanken: Da brauchst du erst gar nicht zu beginnen.“ Nach dem Lob für den Chor geht der Stammapostel auf die Texte ein, die von einer tiefen inneren Beziehung der Dichter zu Gott zeugen und ihre demütige Haltung widerspiegeln. Das habe ihn an folgende kleine Geschichte erinnert: Drei Menschen kamen zu einem jüdischen Rabbi und fragten ihn: Warum gab es nur damals Wunder und nicht mehr heute? Der Rabbi antwortete: Weil sich heute die Menschen nicht mehr so tief beugen vor dem lieben Gott wie damals. „Da ist etwas dran“, bemerkt der Stammapostel.

Stammapostel Leber fragt, ob eine Zugabe möglich wäre. Die 24 Sängerinnen und Sänger verfügen nach dem eineinhalb Stunden Konzert noch über die Kraft für einen mächtigen Abschluss. Es dauert einige Zeit, bis der Stammapostel die Kirche verlassen kann, weil sich ihm viele Hände entgegenstrecken. Viele Geschwister kennt er aus vergangenen Tagen.

Mit dem Bus geht es zurück ins Hotel. Dort beginnt um 19.00 Uhr das Abendessen. Dabei sitzen der Stammapostel, der Bezirksapostel und die sechs Apostel an einem Tisch. Die Unterhaltung ist rege und intensiv. Nach dem Abschlussgebet teilt er den Aposteln und Bischöfen mit, welches Wort er dem morgigen Gottesdienst zugrunde legen wird: „Es steht in Sprüche 11,1“, und fügt hinzu: „So, nun könnt ihr die ganze Nacht darüber nachdenken.“

Sonntag in Wilhelmshaven

Am nächsten Morgen versammeln sich die Apostel, die Bischöfe und ihre Frauen um 8.15 Uhr, um den Tag gemeinsam mit dem Stammapostel zu beginnen. In seinem Gebet bittet er für die Amtsträger rund um die Welt, dass sie in der Lage sein mögen, bewegende, ansprechende Gottesdienste zu halten. Seine Fürbitte gilt auch den Geschwistern, die in Not sind, sowie Christen, die ihres Glaubens wegen verfolgt werden.

Nach dem gemeinsamen Frühstück geht es mit dem Bus zur Kirche, die nach kurzer Fahrt erreicht wird. Freudig begrüßen Brüder den Stammapostel und seine Begleiter. Während die Frauen der Apostel und Bischöfe ihre reservierten Plätze im Kirchenschiff einnehmen, gehen der Stammapostel, die Apostel und die Bischöfe in das Ämterzimmer. Dort warten bereits Fotografen, um einige Bilder zu machen. Als die Fotografen das Ämterzimmer verlassen haben, erzählt der Stammapostel kurz von so manchen Gottesdiensten, die er in dieser Kirche gehalten hat. „Alles hat seine Zeit – Predigen hat seine Zeit, aber auch Ruhestand hat seine Zeit", merkt er kurz an. Er nennt jedes Gebiet, in das die Bild- und Ton-Übertragung erfolgen wird – Großbritannien, Irland, Skandinavien, Finnland, Estland – und es scheint, als verbinde er mit jedem Land persönliche Erinnerungen.

Über Lautsprecher klingt ein Lied des Chores, während der zuständige Bezirksälteste berichtet: Seit Februar 2012 habe die Gemeinde vom Kommen des Stammapostels gewusst. Seither probte der Bezirkschor Monat für Monat, und je näher der Termin kam, desto mehr stieg die Vorfreude.

„Man merkt es, wenn die Geschwister eingestimmt sind", greift der Stammapostel die Gedanken des Bezirksältesten auf und berichtet: In der Woche zuvor diente er in Córdoba/Argentinien. Die gemietete Halle war mit etwa 5.000 Geschwistern gefüllt. Die Begeisterung sei so groß gewesen, dass er kaum zum Altar gekommen sei, weil diejenigen, die am Rand saßen, ihm nahe sein wollten. „Das war bewegend!"

Freude da – Sorgen dort. Der Stammapostel spricht von schwierigen Situationen besonders in Afrika und nennt dabei Mali, Zentralafrika, Teile der Demokratischen Republik Kongo oder den Sudan. Überall geschehen Dinge, über die nur wenig berichtet werde. Diese Sorgen erwähnt er auch wenige Minuten später im Eingangsgebet.

Zu Beginn seiner Predigt lässt er die Geschwister daran teilhaben, wie er auf das Bibelwort kam: „Ich habe den lieben Gott um ein Wort für Norddeutschland gebeten und die Bibel aufgeschlagen. Da lag das Wort vor mir aus Sprüche 11,1: „Falsche Waage ist dem Herrn ein Gräuel; aber ein volles Gewicht ist sein Wohlgefallen." Ich wollte die Schrift schon zuschlagen, weil das so ein ungewöhnliches Bibelwort ist. Aber dann dachte ich: Halt mal – in dem Wort steckt etwas. Früher hatten die Menschen keine geeichte Waage, sondern unterschiedliche Gewichte, die sie zu ihrem Vorteil einsetzten, je nachdem, ob sie etwas kaufen oder verkaufen wollten. Das lässt sich auch auf die geistige Ebene übertragen, zum Beispiel: Welches Gewicht hat für uns das Irdische, die Nächstenliebe, die Gnade oder auch der Tag des Herrn? Das hat mich dann so erfüllt, dass ich euch gerne daran teilhaben lasse."

Im Verlauf des Gottesdienstes nennt Stammapostel Leber fünf Punkte, die im christlichen Leben Gewicht haben sollen: das Vertrauen in Gott, die Gotteskindschaft, die Führung durch den Heiligen Geist, die Gnade Gottes und schließlich „der Tag des Herrn, dem wir entgegengehen". Zu Predigtbeiträgen werden die Gastapostel Burren und Lindemann gerufen.

Ein persönliches Schlusswort

Nach dem Schlusssegen ringt der Stammapostel mit sich, ob er noch ein persönliches Wort anfügen solle oder nicht. Nach wenigen Augenblicken sagt er: „Es ist voraussichtlich der letzte Gottesdienst, den ich hier im Bereich halte für Norddeutschland und die von Norddeutschland betreuten Länder. Der Pfingstgottesdienst kommt sehr schnell. Ich möchte einfach Danke sagen für die Begleitung, für die schöne Gemeinschaft, die wir haben durften, für schöne Begegnungen, für alles Liebe, für die Gebete, einfach für alles. Es war immer schön bei euch, ich habe selbst sehr viel Gutes empfangen. Aber nun halte ich es mit dem Predigerwort: Es hat alles seine Zeit – geboren werden, arbeiten, ich füge hinzu, predigen hat seine Zeit, und der Ruhestand auch. So wollen wir es halten, so bleiben wir verbunden."

Bezirksapostel Krause tritt an den Altar. Seine innere Bewegung ist deutlich zu sehen, als er sich der Gemeinde und dem Stammapostel zuwendet: „Ich tue etwas, was nicht mehr sein soll, aber das muss der Stammapostel aushalten, wenn er das letzte Mal im Bereich ist. Er hat uns in seinem hohen Amt 49 Mal gedient, und das in acht Jahren – da sind wir gut bei weggekommen. Er ist uns vorangegangen als Stammapostel, auch als Apostel und Bezirksapostel, und es wäre am schönsten gewesen, der Herr wäre in dieser Zeit gekommen. Von mir aus hätte das nie aufhören müssen. Wir wollen nicht den Menschen in den Mittelpunkt stellen, sondern die göttliche Gabe, die so zeitgemäß, so tiefgründig, so vorbereitend und so wohltuend uns gedient hat. Wir danken dem großen Gott dafür, dass er uns das geschenkt hat, aber wir danken auch dem Stammapostel. Das muss jetzt einfach mal erlaubt sein zu sagen. Aus dem Dank, den ich auch aus euren Herzen fühle, werde ich ihn jetzt umarmen."

Minuten später steigen der Stammapostel und seine Begleitung in den Bus, fahren zurück ins Hotel, wo ab 13.00 Uhr das Mittagessen eingenommen wird. Zwei Stunden später mahnt Bezirksapostel Krause zum Aufbruch, denn einigen steht noch eine weite Heimreise bevor. Gemeinsam mit dem Stammapostel verabschiedet er sich von allen Teilnehmern dieses Wochenendes.

Auf dem Weg nach Hause

Dem Stammapostel ist keine Müdigkeit anzumerken, als er für die knapp zweistündige Heimfahrt mit seiner Frau im Wagen Platz nimmt. Es drängt sich mir der Eindruck auf, dass für den Stammapostel Begegnungen mit Geschwistern und der Austausch mit ihnen Quellen sind, aus denen er Energie und Frische schöpft. Bis auf die Nachtruhe hatte er, seit er in Wilhelmshaven eingetroffen ist, kaum einen ruhigen Moment. Ob beim Kaffee

Der Abschied von der Gemeinde

am Samstag, im Konzert, beim Abendessen, beim Frühstück am Sonntag, beim Gottesdienst oder beim Mittagessen – ständig stand er im Mittelpunkt, ständig erwartete man von ihm das rechte Wort zur rechten Zeit. In seinen Gedanken ist der Stammapostel schon in der kommenden Woche, wenn er am Dienstag nach Zürich reist, wo er sich auch um die Auflösung seiner Wohnung kümmern muss und von wo er am Donnerstag in die USA und nach Kanada fliegen wird.

Gegen 17.30 Uhr ist das heimische Buchholz erreicht. Nun steht noch das Auspacken der Koffer auf dem Programm – und während Schwester Leber den Hund abholt, schaut der Stammapostel die eingegangenen E-Mails durch.

Mainz 2012

„Lasst die Kinder zu mir kommen und wehret ihnen nicht; denn solchen gehört das Reich Gottes.“

Markus 10,14

Friedberg 2011

Lissabon 2006

oben: Bad Homburg 2011
Mitte: Mainz 2012
unten: Johannesburg 2006

Uruguay 2012

Mexiko 2008

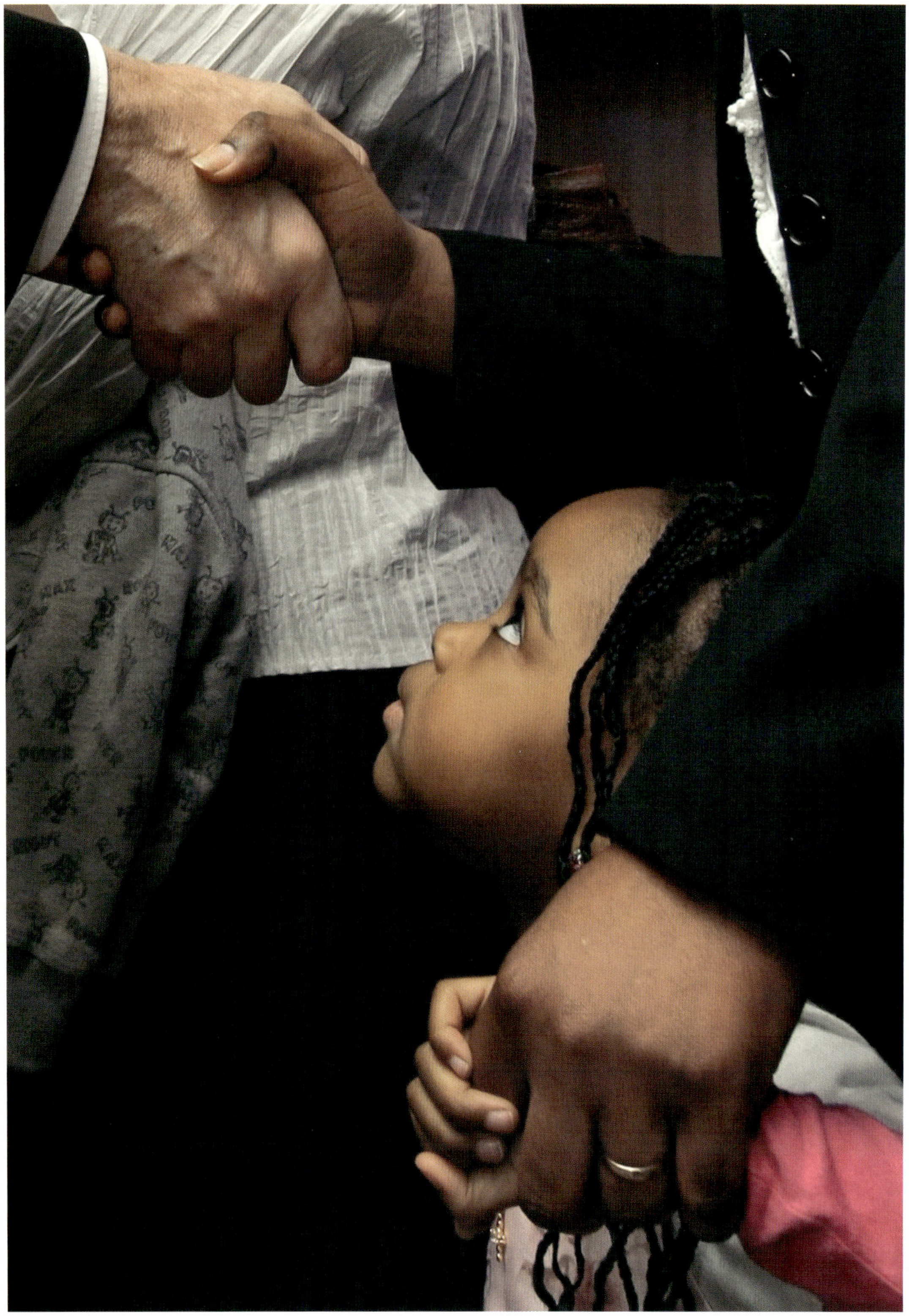

Dublin 2010

Dublin 2010

Köln 2012

oben: Dortmund 2008
Mitte: Lissabon 2012
unten: Düsseldorf 2009

Erfurt 2010

EUROPA-JUGENDTAG
NEUAPOSTOLISCHE KIRCHE
istus – meine Zu

Der Stammapostel als Seelsorger

„Die Seelsorge hat für mich oberste Priorität.“

„Der Aufgabe, die Einheit der Apostel zu pflegen und zu fördern, fühle ich mich besonders verpflichtet.“

„Ich habe mir vorgenommen, die von Stammapostel Fehr angestoßenen Entwicklungen mit Mut und Entschlossenheit weiterzutreiben.“ ... >>

oben: Die Mitarbeiter am neuen Dienstsitz in Zürich begrüßen Stammapostel Leber

unten: Im Büro des Stammapostels

Der Dienstsitz des Stammapostels ist in Zürich. Deshalb schaut sich Wilhelm Leber in der Stadt an der Limmat nach einer kleinen Wohnung um. Sie bietet ihm mehr ein Gefühl von Zuhause-Sein, als wenn er nach langen Arbeitstagen oder anstrengenden Reisen in einem Hotel übernachten müsste. In der Zweitwohnung bedient der Stammapostel fortan auch die Waschmaschine und packt eigenhändig Koffer für die Reisen. An das Waschen und Bügeln von Hemden traut er sich allerdings nicht heran, das übernimmt eine Glaubensschwester aus Zürich.

Vor der Presse

Am 18. Mai 2005 stellt sich Stammapostel Leber in Zürich auf einer Pressekonferenz Medienvertretern vor. Dabei nennt er Ziele, die er sich für seine Amtszeit gesteckt hat. Weil in seiner Rede Persönliches wie auch Programmatisches enthalten ist, wird sie hier im Original abgedruckt.

Pressekonferenz am 18. Mai 2005

Meine sehr geehrten Damen und Herren, verehrte Gäste, liebe Glaubensgeschwister, ich habe mein neues Amt als Stammapostel angetreten in tiefer Demut vor Gott, aber auch in dem Wunsch, unserem Herrn Jesus Christus zu dienen und die Neuapostolische Kirche sicher durch die vor uns liegende Zeit zu führen.

Ich bin mir der hohen Verantwortung meines Amtes sehr wohl bewusst. Ich bin daher außerordentlich dankbar, dass unser Stammapostel Fehr als mein Vorgänger mir den Weg in das neue Amt so einfühlsam geebnet hat, dass ein nahtloser Übergang möglich geworden ist. Ich bin auch sehr dankbar, ihn weiterhin als Ratgeber zur Seite zu haben. Ich habe unter ihm zwölf Jahre als Bezirksapostel gedient. In diesem Amt war ich verantwortlich für Norddeutschland, seit 2003 auch für Nordrhein-Westfalen. In vielen Begegnungen habe ich ihn schätzen und lieben gelernt. Ich darf sagen, dass er auch mich geprägt hat.

Wenn Sie nun fragen, wie es weitergeht, dann möchte ich betonen, dass ich die Kontinuität in der Führung für unabdingbar halte. Es wird also im gleichen Sinn und Geist wie bisher weitergehen. Das meine ich nicht in einem statischen Sinn, denn es gab ja

Südafrika 2012

auch bisher schon Veränderungen. Ich meine das in dem Sinn, dass ich mich den Herausforderungen der jeweiligen Zeitverhältnisse und gesellschaftlichen Entwicklungen stellen und nötigenfalls Anpassungen vornehmen werde. Ich vertraue dabei auf die Führung des Heiligen Geistes und werde in enger Abstimmung mit allen Bezirksaposteln handeln.

Meine Ziele als Stammapostel kann ich vielleicht so zusammenfassen:

- *Als oberster Geistlicher der Neuapostolischen Kirche ist mir das seelische Wohlergehen aller Mitglieder ein besonderes Anliegen. Die Seelsorge hat für mich deshalb oberste Priorität. Ich werde mich bemühen, in der Seelsorge Akzente zu setzen und bestmögliche Rahmenbedingungen für eine gute Pflege vor Ort überall auf der Welt zu schaffen.*
- *Die Einheit der Apostel zu pflegen und zu fördern, war bereits eine wesentliche Aufgabe von Stammapostel Fehr. Dieser Aufgabe fühle ich mich ebenfalls besonders verpflichtet.*
- *Stammapostel Fehr hat in seiner Amtszeit viele Entwicklungen angestoßen, die aber naturgemäß noch nicht zu einem Abschluss gekommen sind. Ich habe mir vorgenommen, diese Dinge mit Mut und Entschlossenheit weiterzutreiben. Stammapostel Fehr hat sich dabei bereits der Projekt- und Arbeitsgruppen bedient; ich werde das gleichfalls tun.*

Ich darf noch etwas Persönliches hinzufügen: Wie wahrscheinlich bekannt ist, bin ich von Haus aus Mathematiker. Bis ich in den vollamtlichen Dienst der Kirche eingetreten bin, habe ich auch als Mathematiker gearbeitet. Ich bin manches Mal gefragt worden, wie man die kirchliche Tätigkeit mit einer solchen Ausbildung vereinbaren kann. Aber so ungewöhnlich erscheint mir das gar nicht. Als Mathematiker bin ich mit logischem Denken vertraut. Aber man weiß dann auch, dass man sehr schnell an seine Grenzen kommt. Man muss es also akzeptieren, dass es jenseits logischer Zusammenhänge auch noch etwas gibt. Da setzt der Glaube ein. So sehe ich den Glauben nicht in Konkurrenz zu logischen Über-

legungen, sondern ich sehe ihn als Ergänzung, eben als eine zusätzliche großartige Dimension. Vor diesem Hintergrund bin ich zu der Haltung gekommen: Logische Überlegungen soweit wie möglich; darüber hinaus Glauben und Vertrauen in das Walten Gottes. So gehe ich an die Aufgaben meines neuen Amtes als Stammapostel heran.
Gerade der jetzt durchlebte Pfingstgottesdienst hat mir wieder einmal klar gemacht, wie stark die kirchliche Gemeinschaft ist. Dieses Kapital gilt es zu wahren und wenn möglich zu vermehren. Mein Motto für die vor mir liegende Zeit ist: „Lass dich nicht vom Bösen überwinden, sondern überwinde das Böse mit Gutem" (Römer 12, 21).

Meinem Vorgänger im Amt, Stammapostel Fehr, wünsche ich einen gesegneten Ruhestand.
Gott möge mir Gnade schenken, dass ich den Anforderungen dieses besonderen Amtes in allen Situationen gewachsen bin.
Ich danke meinen neuapostolischen Glaubensgeschwistern für die Anhänglichkeit und Ihnen allen für Ihr Wohlwollen.

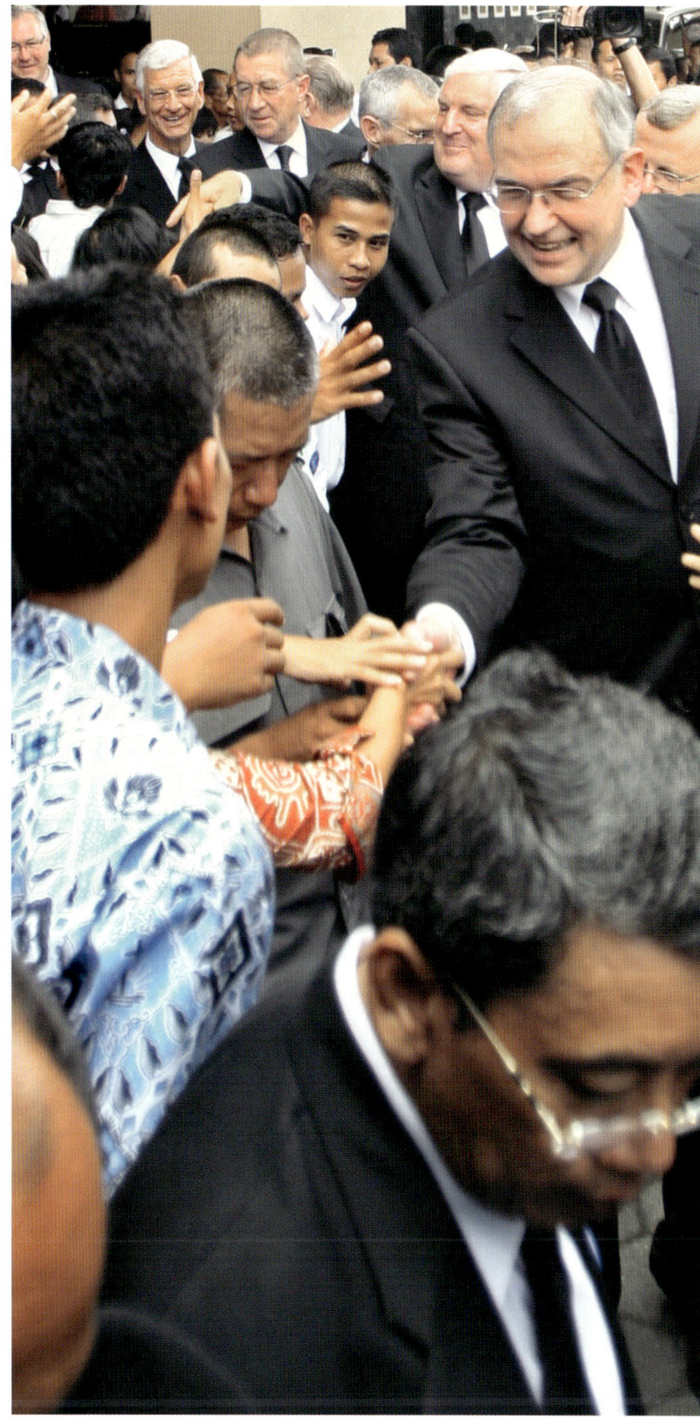

Indonesien 2009

Der erste Gottesdienst als Stammapostel

Seinen ersten Gottesdienst als Stammapostel hält Wilhelm Leber am 22. Mai 2005 in Waldshut. Mehr als 600 Gottesdienstteilnehmer sind überrascht,

Die Ordination von Bezirksapostel Armin Brinkmann am 26. Juni 2005 findet im ehemaligen Plenarsaal des deutschen Bundestages in Bonn statt

denn sie erwarteten Bezirksapostel Klaus Saur. Grundlage für den Gottesdienst ist das Grußwort, das Stammapostel Fehr – der auch an diesem Gottesdienst teilnimmt – eine Woche zuvor der großen Gemeinde gegeben hat: „Darum seid auch ihr bereit! Denn der Menschensohn kommt zu einer Stunde, da ihr's nicht meint.“ Stammapostel Leber beleuchtet das Schriftwort in einem neuen, klaren und warmen Licht: Der Herr spreche davon, dass er wiederkomme, „wenn wir es nicht meinen“. Manches Mal werde geäußert, mit dem Kommen des Herrn sei zu rechnen, wenn die weltpolitische Lage angespannt sei oder gar ein Krieg drohe. Das Bibelwort sage aber etwas anderes – und dann folgt ein Satz, der alles in das rechte Licht rückt: „Ausschlaggebend für das Kommen des Herrn wird nicht die weltpolitische Lage sein; ausschlaggebend ist die bereitete Braut!“

Zu den ersten Aufgaben des Stammapostels gehört, Bezirksapostel für die beiden Gebietskirchen Norddeutschland und Nordrhein-Westfalen zu ordinieren. Bezirksapostel Schumacher, der seit 15 Jahren den Stammapostel begleitet hat, übernimmt Norddeutschland; für die Gebietskirche Nordrhein-Westfalen wird Bezirksapostel Brinkmann ordiniert, der bereits seit 1983 als Apostel wirkt und in vielen Missionsgebieten tätig ist.

oben: Stammapostel Wilhelm Leber überträgt die Leitung der Gebietskirche Norddeutschland an Bezirksapostel Karlheinz Schumacher am 27. November 2005

unten: Ordination von Bezirksapostel Armin Brinkmann und Apostel Franz-Wilhelm Otten (NRW)

Drei Ziele

Namibia 2011

Auf der erwähnten Pressekonferenz im Mai 2005 nennt Stammapostel Leber drei Ziele, denen er sich in seiner Amtszeit verstärkt widmen will. Sie klingen wie sein persönliches Programm:

„Die Seelsorge hat für mich oberste Priorität."

„Der Aufgabe, die Einheit der Apostel zu pflegen und zu fördern, fühle ich mich besonders verpflichtet."

„Ich habe mir vorgenommen, die von Stammapostel Fehr angestoßenen Entwicklungen mit Mut und Entschlossenheit weiter zu treiben."

Wie hat er seine Aussagen umgesetzt?

1. Ziel: *„Die Seelsorge hat für mich oberste Priorität."*

Seelsorge, wie sie Stammapostel Leber versteht, sucht Nähe und schafft sie. Das wird immer deutlich, wenn er Geschwistern begegnet. Für ihn scheint das wie eine Quelle neuer Energie zu sein. Selbst nach stundenlangen Flügen nimmt er sich Zeit, um wartende Brüder und Schwestern persönlich zu begrüßen oder sich mit ihnen für ein Foto zusammenzustellen.

Wo die Verhältnisse es zulassen, verabschiedet sich Stammapostel Leber nach dem Gottesdienst von allen. Der Beobachter spürt: Er sucht nicht das

Bad in der Menge oder demonstriert „Volksnähe" – vielmehr sucht er Begegnung. Das ist ihm ein inneres Anliegen!

Es drängt sich zudem der Eindruck auf, dass diese Augenblicke den Stammapostel in gleicher Weise stärken wie jene, die seine Hand erfassen und ein kurzes Wort mit ihm wechseln können. Eng gestrickte Zeitpläne geraten so rasch durcheinander. Daher wird es in vielen Fällen inzwischen so geregelt, dass der Bus, der den Stammapostel und seine Begleitung nach dem Gottesdienst zum Mittagessen bringt, ohne den Stammapostel losfährt. Er kommt mit dem Fahrzeug des Bezirksapostels nach, wenn er sich von allen verabschiedet hat.

Der Wunsch von Wilhelm Leber, mitten unter den Geschwistern zu sein, ruft auch Kritiker auf den Plan. Sie meinen, ein Kirchenleiter müsse mehr Distanz zu den Gläubigen wahren. Der Stammapostel stellt dieser Aussage seine Erfahrung gegenüber, dass Nähe geschaffen und zugleich das Amt geachtet werden kann. Dies nimmt er aber nur für sich in Anspruch. Hat ein anderer eine andere Sichtweise oder eine andere Wesensart, gelte es, dies zu respektieren.

Wo Leber draufsteht, ist auch Leber drin

Der Stammapostel liest sämtliche Post, die an ihn gerichtet ist. Für ihn ist es eine Selbstverständlichkeit, dass jemand, der ihm schreibt, ihn auch erreicht. Er hat sich zur Aufgabe gemacht, jedem zu antworten. Auch wenn er nicht jeden Brief persönlich verfassen kann, gibt er Ton und Inhalt vor. Pausen auf längeren Reisen nutzt der Stammapostel, um über sein iPad Antworten zu verfassen. Sein Sekretär in Zürich, Evangelist Hürlimann, fasst dies in dem Satz zusammen: „Wo Leber draufsteht, ist auch Leber drin!"

Teilhaben-Lassen an persönlichen Erfahrungen

Im Gottesdienst lässt er die Geschwister an seinen persönlichen Erfahrungen teilhaben. Wenn der Stammapostel berichtet, wie er sich am Tag zuvor über eine Sache geärgert hat, dann dient das nicht nur als anschauliches Bild für einen mit dem Bibelwort in Verbindung stehenden Sachverhalt. Es macht auch deutlich: Ich stehe mitten im Leben.

Friedberg 2011

Der Gipsarm

Seelsorge bedeutet, einen Blick zu haben für die Bedürfnisse des Einzelnen. Eine kleine Begebenheit erzählt Erich Senn, Verwaltungsleiter NAKI, der den Stammapostel auf einer Reise in die Demokratische Republik Kongo begleitete:
„An einem Sonntagmorgen waren vielleicht 30.000 Geschwister beisammen, die zum Teil schon vier Stunden gewartet hatten, bis der Stammapostel kam. Sie waren an der Gottesdienststätte versammelt, zwischen ihnen und dem Stammapostel mit seiner Begleitung verlief ein kleiner Bach. Der Stammapostel blickt auf die Geschwister, die ihn erwartet haben. Plötzlich nimmt er seinen linken Ellenbogen in die rechte Hand und winkt auf der anderen Seite einer Schwester zu, die ihren Ellenbogen in Gips hatte. Ich, der ich auf der Seite stand, habe diese Schwester nicht gesehen. Aber er sieht diese eine Schwester, die ein Handicap hat, in dieser großen Menge und signalisiert ihr über den kleinen Bach: Ich habe dich gesehen. Diese Schwester war sich sicher, dass er sie bemerkt hat unter den 30.000. Aus vielen Tausend zu erkennen: Da ist ein Bedürftiger! – Das ist für mich Seelsorge."

Trier 2011

Bescheidenheit

Was ist das Geheimnis, dass es so leicht fällt, sich ihm zu nahen, ihn vielleicht um ein Foto oder eine Unterschrift zu bitten und festzustellen, dass er sich so gar nicht mit dem Nimbus des Unnahbaren umgibt? Ein Schlüssel dafür ist seine Bescheidenheit.
Ein Beispiel: Nach dem Gottesdienst am 1. Januar 2013 in seiner Heimatstadt Herford fragt ihn ein Vertreter der lokalen Presse, welche Privilegien er als Stammapostel habe. Nach kurzem Nachdenken antwortet er: „Keine – bis auf eines: Ich muss mir keinen Parkplatz vor der Kirche suchen."
In den ersten Tagen seines neuen Amtes flog der

Heidelberg 2006

Stammapostel von einem deutschen Flughafen nach Hause. Um ihm die Abfertigung zu erleichtern, sorgte der Bezirksapostel für eine bevorzugte Betreuung, die darin bestand, dass der Stammapostel vor den übrigen Passagieren direkt an das Flugzeug gebracht wurde. Er steigt die Treppe hinauf, oben begrüßt ihn die Besatzung und fragt: „Herr Dr. Leber, wo ist Ihr Platz?" Seine Antwort passt nicht in ihr Weltbild: „36 C!" – ein Sitz in der Economy-Klasse. Seitdem buchen die Kirchenverwaltungen keine gesonderte Betreuung mehr für ihn.

Inmitten der Gemeinde

In einem seiner Rundschreiben meldet er sich bei den Aposteln ab und informiert sie, dass er während seines Urlaubs keine Gottesdienste halten, sie aber besuchen werde. Amtsträger in Norddeutschland wie auch in Österreich müssen sich daran gewöhnen, dass der Stammapostel neben seiner Frau inmitten der Gemeinde sitzt. Auch bei der Trauerfeier für die Frau von Bischof Wittke setzt er neue Maßstäbe. Bezirksapostel Krause hatte sie in den letzten Jahren begleitet. Daher hatte sie den Wunsch geäußert, er möge ihre Trauerfeier halten. Aus Verbundenheit mit ihr wollte auch der Stammapostel an der Trauerfeier teilnehmen. Bezirksapostel Krause versuchte verständlicherweise, ihn dazu zu bewegen, den Trauergottesdienst zu halten, was er aber mit dem Hinweis auf den Wunsch von Schwester Wittke ablehnte. Er ließ sich lediglich die Zusage abringen, mitzudienen, wenn der Bezirksapostel dies für richtig halte. Der ließ sich das natürlich nicht zweimal sagen.

Namibia 2011

Der wichtigste Teil der Seelsorge

Der wichtigste Teil der Seelsorge sind die Gottesdienste, die den Stammapostel veranlassen, sehr viel unterwegs zu sein. Kein Wochenende, vom Urlaub einmal abgesehen, ist „frei“. Von den rund 400 Gottesdiensten, die er als Stammapostel gehalten hat, hatten nur sieben dasselbe Bibelwort. Ihm ist wichtig, immer wieder Neues zu schöpfen und beim Vorbereiten Zusammenhänge zu entdecken, die ihn selbst froh machen und die er gerne mit anderen teilen will. Er mag keine Gottesdienste „aus der Konserve“ und begegnet damit der Gefahr, dass die Verkündigung, mit seinen Worten gesagt, „abgestanden“ wirkt. Nur wenn man einen Gedanken habe, der einen selber packt, kann man ihn entsprechend vermitteln. Überhaupt findet er die Bibelwortsuche aufschlussreich und bereichernd, wenn sie auch manchmal langwierig sei.

Bei der Vorbereitung auf den Gottesdienst macht sich der Stammapostel schriftliche Notizen, die er sich später nicht mehr anschaut. Das Niederschreiben reicht aus, den erweckten Gedanken Form zu geben und ihn in Kopf und Herz zu übernehmen. Das entstehende Grundgerüst enthält den Aufbau und die Struktur der Predigt, es lässt aber auch Raum für spontanes Geisteswirken. Am Sonntag

Trier 2011

in der Frühe beschäftigt er sich mit dem, wie er es nennt, „Einstiegsgedanken“ und mit jenen Regungen, mit denen er sich auf das Heilige Abendmahl vorbereitet. Da ist er schon vor Ort und kann sich mit der Gemeinde verbinden, die sich Sonntag für Sonntag unterscheidet.

Ein ungeplanter Regenguss

In Gottesdiensten entstehen auch unvorhergesehene Situationen. Mit leichtem Schmunzeln berichtet der Stammapostel von einem Gottesdienst in Sambia. 5.000 Geschwister hatten sich in einem Stadion in Kolwezi versammelt. Nur der Altarraum und die Plätze des Chores waren überdacht. Gerade hatte er Bezirksapostel Klingler zum Mitdienen gerufen, als ein tropischer Regenschauer sich über die Besucher ergoss und die Predigt übertönte. Die Geschwister verließen fluchtartig ihre Plätze und suchten in der Nähe Schutz. Gelassen wartete der Stammapostel ab, bis nach 20 bis 30 Minuten der Spuk zu Ende war, eine Zeit, die die Sänger überbrückten. Da das Zeltdach über dem Altarraum von der Niederschlagsmenge heruntergedrückt wurde, versuchten Brüder, mit langen Stangen die Wassermassen seitlich ablaufen zu lassen. Bedingt durch das Gewicht des Wassers durchstießen die Stangen jedoch die Zeltbahn, sodass ein Schauer auf die Darunterstehenden herabfiel. Alle waren klatschnass, doch der Stammapostel schien unberührt. Kaum hatte der Regen aufgehört, fanden sich die Geschwister wieder ein, und Bezirksapostel Klingler konnte fortfahren. Dies veranlasste den Stammapostel zu der Bemerkung: „Das war wohl das längste Mitdienen des Bezirksapostels Klingler in seiner bisherigen Amtszeit: Über 30 Minuten!“

Friedberg 2011

Wiesbaden 2011

Kritik an der Predigt

Kritik, vor allem unsachliche, ist auch für den Stammapostel nicht angenehm. Sie ist aber immer auch eine Herausforderung für ihn, sich mit ihr auseinanderzusetzen. Sachlich geäußerter Kritik stellt er sich, ja, sie kann ihn sogar bereichern. Sie gibt ihm zum Beispiel Aufschluss darüber, wie eine Äußerung aus einem Gottesdienst ankommt. Wenn ein Wort, ein Satz oder ein Gedanke in einer Weise interpretiert wird, die von ihm nicht beabsichtigt war, hilft ihm das, ein nächstes Mal umsichtiger zu formulieren. Er geht zunächst davon aus, dass der, der sachlich seine Meinung äußert, eine Erklärung von ihm haben möchte. Bei polemischen Äußerungen aber stellt er den Dialog ein.

Manche berechtigte Kritik begründet sich aus der Tatsache, dass dem Gottesdienst kein Redemanuskript zugrunde liegt, das Wort also frei gesprochen wird. Es liegt auf der Hand, dass auch nach gründlicher Vorbereitung in der Predigt Formulierungen oder Bilder verwendet werden, die im Augenblick entstehen. Diese Wirksamkeit des Heiligen Geistes, die den Reichtum der Wortverkündigung der Neuapostolischen Kirche ausmacht, muss aber bleiben. Gerade aus dem, was spontan erweckt wird, haben Geschwister oft Gott erlebt und eine Stärkung ihres Glaubens erfahren.

Der Katechismus

Einer der Höhepunkte in der Amtszeit Wilhelm Lebers war das Erscheinen des Katechismus, dessen Vorarbeiten unter Stammapostel Fehr begonnen wurden. Was sich heute so leicht lesen lässt, bedurfte einer intensiven Beschäftigung und vieler Beratungen im Kreis der Bezirksapostel. Der erste Baustein auf diesem Weg war, dass das Verständnis der Taufe in einem neuen Licht erschien. Bis zu der als „Uster-Abend“ in die Geschichte eingegangenen Informationsveranstaltung galten nur jene Taufen als gültig, die von Aposteln oder in ihrem Auftrag durchgeführt wurden. Taufen anderer christlicher Kirchen mussten bei der Aufnahme bestätigt werden. Seit 2007 ist Lehre, dass die Taufe der „Kirche als ganzer“ anvertraut ist und somit trinitarisch durchgeführte Taufen - ganz gleich, wo sie gespendet wurden – keiner Bestätigung mehr bedürfen.

Der Begriff „Kirche als ganzer“ wurde zwei Jahre später noch präzisiert. „Kirche Christi“ ist nun nicht mehr ein Synonym für die Neuapostolische Kirche, vielmehr ist die Kirche Jesu Christi empirisch nicht fassbar; wer ihr wahrhaft angehört, weiß nur Gott allein. Allerdings wird diese verborgene Kirche in den vorhandenen Kirchen – einschließlich der Neuapostolischen Kirche – in unterschiedlicher Weise sichtbar.

Solche grundlegenden Vorbereitungen waren zu treffen, bis, darauf aufbauend, die Glaubensartikel teilweise neu gefasst und weitere Überlegungen zum Katechismus formuliert werden konnten. Stammapostel Leber, der an der Entstehung des Werkes und der Klärung der vielen offenen Fragen direkt beteiligt war, gab schließlich im August 2012 den Druck der deutschen Fassung frei, der noch im gleichen Jahr die Übersetzungen in Englisch, Französisch, Portugiesisch, Russisch und Spanisch folgten.

Dublin 2010

Düsseldorf 2009

Der Europäische Jugendtag in Düsseldorf

Als ein weiterer Höhepunkt der Seelsorge ist der Europäische Jugendtag anzusehen, der 2009 in Düsseldorf stattfand. Bezirksapostel Brinkmann übernahm die Organisation des Glaubensfestes. Ungezählte Fotos zeugen davon, wie der Stammapostel bei seinen Rundgängen durch die Messehallen Kontakt zu den jungen Teilnehmern suchte und sich in Gespräche verwickeln ließ, sofern es sein enger Zeitplan zuließ. Höhepunkt und Abschluss der Tage war der Gottesdienst am 24. Mai in der LTU-Arena in Düsseldorf mit 46.000 Teilnehmern.

Vor der Feier des Heiligen Abendmahls beim Europäischen Jugendtag richtete der Stammapostel ein Angebot zur Versöhnung an die Mitglieder der apostolischen Gemeinden.

„Ich möchte hier noch für mich, für unsere Kirche einen Gedanken anfügen. Wir haben unter uns auch Vertreter der Vereinigung Apostolischer Gemeinden, die uns sehr willkommen sind. In der Vergangenheit war das Verhältnis durch bestimmte Vorkommnisse so, dass man sich mehr oder weniger aus dem Weg gegangen ist, um nicht zu sagen, sich bekämpft hat, sich vielleicht auch weh-

getan hat. Ihr Jugendlichen kennt das sicherlich nicht im Einzelnen, habt aber vielleicht von den Eltern, von den Amtsträgern schon darüber gehört. Ich will es kurz machen. Hier ist nicht der Ort, das alles aufzuarbeiten, aber ich will hier noch einmal deutlich bekunden: Ich strecke auch im Namen der Kirche die Hand zur Versöhnung aus. Wenn man Versöhnung sucht, schließt das ein, dass man zugibt, dass auch auf der eigenen Seite Fehler gemacht worden sind. Das will ich gerne hier in der Öffentlichkeit eingestehen, ohne ins Detail zu gehen. Ja, es sind auch von unserer Seite, von der Seite der Neuapostolischen Kirche, Fehler gemacht worden. Wir strecken die Hand zur Versöhnung aus." Stammapostel Leber erhält daraufhin spontanen Applaus.

Auf Anregung von Bezirksapostel Brinkmann sangen die vielen Tausend Teilnehmer am Schluss gemeinsam, jeder in seiner Sprache: „Der Herr ist mein Licht" – und anschließend öffnete sich das zuvor geschlossene Dach und ließ die Mittagssonne herein, ein Bild, das den Besuchern in Erinnerung geblieben ist.

Dieser Gottesdienst wurde am Abend des 24. Mai über Kabel in Nordrhein-Westfalen übertragen und war damit der erste Gottesdienst der Neuapostolischen Kirche, der in Deutschland über Fernsehen zu empfangen war. Kommentiert wurde er von dem damaligen Bezirksevangelisten Johanning, der neben dem Redakteur von NRW-TV im Übertragungswagen des Senders saß. Als der Stammapostel vor der Feier des Heiligen Abendmahls sich den Vertretern der apostolischen Gemeinschaften zuwandte, fragte der Moderator: „Womit hängt das zusammen? Ist das bei Ihnen üblich, dass man sich vor dem Heiligen Abendmahl die Hand reicht, wie ich das von anderen Kirchen kenne?" Der Kirchensprecher stellte die richtigen Zusammenhänge her: „Das ist etwas Einmaliges und sehr bemerkenswert. Da reicht ein Kirchenleiter einer anderen apostolischen Gemeinschaft die Hand des Verständnisses und der Versöhnung."

2. Ziel: *„Der Aufgabe, die Einheit der Apostel zu pflegen und zu fördern, fühle ich mich besonders verpflichtet."*

„Stärke deine Brüder!"

Eines der Instrumente, mit denen der Stammapostel die Einheit im Apostelkreis fördert, sind die von ihm nach fast jedem Gottesdienst versandten Berichte. Sie werden noch immer „Montagsfax" genannt, auch wenn sie weder per Fax übermittelt werden noch montags erscheinen. Über diese „Montagsfaxe" werden die weltweit tätigen Apostel informiert über Ordinationen von Bischöfen und Aposteln, über Ruhesetzungen oder auch über Heimgänge.

Die wichtigste Information des Montagsfax ist jedoch, das Bibelwort und die wesentlichen Aussagen aus dem letzten Gottesdienst des Stammapostels festzuhalten. Sie versetzen die Apostel in aller Welt in die Lage, jene Regungen weiterzugeben, die im Stammapostel lebendig wurden. Doch sind diese Montagsfaxe mehr als die Wiedergabe eines Gottesdienstes. Sie sind zugleich ein Medium, durch das der Petrusdienst erfüllt wird: „Stärke deine Brüder!" Deutlich wird das am Schluss eines jeden Briefes.

Der Stammapostel beschließt sie nicht nur mit seinem persönlichen Gruß, sondern wendet sich den Aposteln mit einem Hinweis zu, der in Verbindung steht mit dem Gottesdienstbericht und ein Impuls sein soll, sich einen Augenblick selbst zu betrachten. Ein paar Beispiele:

Im Oktober 2009 dient der Stammapostel in Uelzen mit 2. Timotheus 2,19. Im Gottesdienst geht es um das Erkennen, wie fest Gottes Werk steht. Dieses Schreiben beschließt der Stammapostel mit den Worten:

„Ich wünsche auch uns allen, ihr lieben Apostel, dass wir immer wieder den Herrn erleben. Das macht uns fest und sicher, das muss so sein!"

oben: Düsseldorf 2009
unten: Kapstadt 2013

oben: Frankfurt a. M. 2012
unten: Danzig 2007

Im Juni 2010 hält der Stammapostel einen Gottesdienst in Minsk auf der Grundlage von Lukas 8,18. Im Kern geht es darum, dass zum Hören des Wortes Gottes und zum Empfang der Sakramente eine geeignete Einstellung Voraussetzung ist. Am Schluss dieses Montagsfax schreibt der Stammapostel:

„Liebe Apostel, wir wollen darauf achten, dass wir selbst in den genannten Eigenschaften und Haltungen gute Vorbilder sind; dann können wir auch immer wieder empfangen."

Ein letztes Beispiel von vielen: Im Februar 2011 macht der Stammapostel auf einer Asienreise Station in Vietnam und stellt den Gottesdienst in Haiphong unter das Wort 2. Korinther 12,10. Kern des Gottesdienstes, in einem Satz zusammengefasst: Das Geheimnis göttlicher Kraft liegt in einer demütigen Haltung, gepaart mit kindlichem Vertrauen, Vertrauen in den Herrn und die Bereitschaft, ihm und uns untereinander zu dienen. Diesen Brief beschließt der Stammapostel wie folgt:

„Ich wünsche uns allen viel göttliche Stärke. Lasst uns immer daran denken, dass beim Herrn andere Maßstäbe gelten als in der Welt. Wenn wir uns tief vor ihm beugen und mit kindlichem Glauben und Vertrauen vor ihn treten, wird er uns die nötige Stärke geben, um auch mit Anfeindungen fertig werden zu können."

Südafrika 2009

Kanada 2011

Auf Reisen

Der Stammapostel unternimmt viele Reisen weltweit. Im Mittelpunkt stehen jeweils die Gottesdienste in den verschiedenen Ländern. Finden sich an einem Ort in der Welt viele Tausend Geschwister in einem Stadion zusammen, steht der Stammapostel in einem anderen Winkel der Erde vor weinigen Dutzend Gläubigen. Vor und nach diesen Gottesdiensten, auf Reisen zu unterschiedlichen Kirchen oder Versammlungsstätten, bei gemeinsamen Mahlzeiten, kann sich der Stammapostel mit dem zuständigen Bezirksapostel und den Aposteln vor Ort austauschen, Lehrfragen besprechen, Gemeinschaft pflegen, wodurch die Einheit erhalten wird - auch mit jenen Aposteln, die weit entfernt tätig sind.

Die häufigen Gespräche und Begegnungen machen den Stammapostel auch sicher, wenn es darum geht, einen Nachfolger für einen Bezirksapostel zu berufen. In persönlichen Gesprächen mit dem dafür vorgesehenen Apostel und durch dessen Mitarbeit am Altar kann er sich ein Bild über seine Persönlichkeit verschaffen. Hier helfen ihm seine Beobachtungsgabe, die auch Kleinigkeiten bemerkt, und sein ausgeprägtes Gedächtnis. Begleitet von viel Gebet reift so eine Entscheidung für den richtigen Mann am richtigen Platz. Dies ist ein Grund für die umfangreiche Reisetätigkeit.

Bereits zu Beginn seiner Amtstätigkeit erhielt er von seinem Vorgänger den gut gemeinten Rat, das Gottesdienstprogramm etwas zu kürzen, wobei Stammapostel Fehr allerdings selbst kaum anders handelte.

Um seine Sorge zu verstehen, hier ein Blick in das Programm der beiden letzten Märzwochen 2012:

Trauerfeier für Bezirksapostel Kitching in Johannesburg 2012

Sonntag,	18.3.2012	Gottesdienst in Lenzburg/ Schweiz mit Übertragung
Mittwoch,	21.3.2012	Trauerfeier für Bezirksapostel Kitching in Johannesburg mit Übertragung innerhalb Südafrika
Freitag,	23.3.2012	Ämtergottesdienst in Buenos Aires, goldene Hochzeit Bezirksapostel Fiore und Frau
Samstag,	24.3.2012	Ämtergottesdienst in Buenos Aires
Sonntag,	25.3.2012	Gottesdienst in Colonia/ Uruguay
Sonntag,	1.4.2012	Gottesdienst in Potsdam mit Übertragung

Die Planung war zunächst eine andere. Völlig überraschend ist jedoch der im Januar 2012 in den Ruhestand versetzte Bezirksapostel Kitching nach einem Unfall am 7. März 2012 heimgegangen.

Es ist daher dem Stammapostel ein Bedürfnis, der Trauerfamilie und den Geschwistern in South East Africa beizustehen. Zudem stellt sich heraus, dass in Argentinien nicht alle Brüder durch einen Ämtergottesdienst erreicht werden, weshalb der Stammapostel auf Bitten von Bezirksapostel Passuni einen zweiten Gottesdienst einschiebt.

oben: Diamantene Hochzeit von Bezirksapostel i. R. Hermann Engelauf und seiner Frau Ruth, Quelle, 3. Juni 2007

unten: Goldene Hochzeit von Bezirksapostel i. R. Mario Fiore und seiner Frau Marita, Buenos Aires, 23. März 2012

Wie entsteht der Reiseplan des Stammapostels?

Alles beginnt damit, dass der Stammapostel etwa 15 Monate vor einem Kalenderjahr den Bezirksaposteln eine Übersicht schickt, in die er Datum und den Namen des zu besuchenden Bezirksapostels einträgt. Berücksichtigt sind darin die Handlungen, die bei ihm angemeldet sind, also beispielsweise die silberne oder goldene Hochzeit eines Apostels und seiner Frau. Der Bezirksapostel ergänzt diese Rohplanung um das Land und eventuell die Stadt, in der der Gottesdienst stattfinden soll, und schickt das vorläufige Programm nach Zürich zurück. Nun beginnt die Feinarbeit, vielleicht müssen auch Termine verschoben werden, weil sich zwischenzeitlich neue Anlässe dazu ergeben. Diese abgeänderte Fassung wird in der letzten Bezirksapostelversammlung eines Jahres, die jeweils im Herbst stattfindet, verabschiedet und dient als Grundlage für das Bestellen von Gottesdienststätten, Hotels oder Satellitenkapazität für eventuelle Übertragungen. Zuletzt ergänzt der Stammapostel die Planung um die Namen jener Bezirksapostel und Apostel, die ihn begleiten. Diese Version wird im Frühling des Vorjahres verschickt.

Fingerabdrücke für ein Visum

Auf der Grundlage des Jahresprogramms bucht das Büro des Stammapostels die Flüge für die Reisen.

Guinea-Bissau 2009

Was sich so leicht anhört, bedeutet für Schwester Schulmann bei NAKI oftmals viel Abstimmungsarbeit. Es beginnt mit dem Antrag auf Erteilung der Visa, wo dies nötig ist. Drei Reisepässe hat der Stammapostel im Einsatz, damit die manchmal wochenlangen Bearbeitungszeiten überbrückt werden können. Einige Länder verweigern das Visum, wenn im Pass Ein- und Ausreisevermerke eines Staates enthalten sind, zu dem kritische Beziehungen bestehen. Also muss sie darauf achten, wie die Pässe eingesetzt werden. Voraussetzung für die Visaerteilung sind in besonderen Fällen weitere Unterlagen wie: das Einladungsschreiben des Bezirksapostels, der Nachweis über eine bestehende Krankenversicherung, eine Bestätigung von NAKI, wonach die Kosten übernommen werden, eine Bestätigung des Hotels, dass der Gast dort gebucht ist, und sogar persönliche Vorsprache in der Botschaft, wo Fingerabdrücke genommen werden.

Problem „Flugverbindung"

Die nächste Hürde sind die Flugverbindungen. Nicht jede Fluggesellschaft ist vertrauenerweckend, auch können nicht alle im Jahresprogramm vorgesehenen Ziele innerhalb des vorgesehenen Zeitfensters angeflogen werden. Das bedeutet wieder ein Umplanen und neue Vorschläge, die zwischen dem Stammapostel und dem jeweiligen Bezirksapostel abgestimmt werden müssen.

Trauerseelsorge im Flugzeug

Die Reisen führen den Stammapostel auch in besondere Situationen. Er berichtet selbst von einem Rückflug von Johannesburg nach Zürich im Jahr 2007:

„Ein Passagier verstarb auf dem Flug. Die Frau dieses Mannes stand begreiflicherweise unter Schock und verlangte einen Seelsorger. Der Besatzung war bekannt, dass der Präsident der Neuapostolischen Kirche an Bord war. Eine Stewardess weckte mich und bat um Beistand. So habe ich mich mitten in der Nacht in der Bordküche neben die Frau gesetzt und ihr von der jenseitigen Welt und der großen Gnade des Herrn berichtet. Wir haben zusammen gebetet, und die Frau sagte, dass sie nun das Gefühl habe, ihr Mann sei in Frieden. Eine ganz eigenartige Begebenheit – ob das nicht von oben so gelenkt worden ist?"

Apostelversammlung an Pfingsten 2012 in Köln

Bezirksapostelversammlungen

Unerlässlich für die Einheit im Kreis der Bezirksapostel sind die regelmäßigen Besprechungen. Zweimal jährlich ruft der Stammapostel sämtliche Bezirksapostel und Bezirksapostelhelfer zusammen, davon einmal nach Zürich. Darüber hinaus treffen sich die europäischen Bezirksapostel ebenfalls zweimal im Jahr, und je nach Bedarf kommen die asiatischen oder afrikanischen Bezirksapostel zu gesonderten Besprechungen mit dem Stammapostel zusammen.

Vorlagen für diese Versammlungen müssen, damit sie seine Zustimmung finden, verständlich und kurz sein. Oft hört man in diesem Zusammenhang vom Stammapostel nach dem Durcharbeiten einer Unterlage: „Das ist zu theoretisch. Bitte, drückt das einfacher aus – und haltet es kurz!"

Der Stammapostel liebt keine einsamen Entscheidungen. Ihm liegt viel an einer gemeinsamen Absprache mit den Bezirksaposteln. Nur so kann er davon ausgehen, dass getroffene Beschlüsse umgesetzt werden. In seiner Amtszeit haben sich die Versammlungen immer mehr zu Besprechungen entwickelt, in denen um die rechte Position gerungen wird. Es ist einzusehen, dass die regionale Herkunft in einigen gesellschaftlichen Fragen zu unterschiedlichen Sichtweisen führt. Manche Themen werden in Europa anders beurteilt als in Nordamerika, und Afrika hat wieder eine andere Prägung als Asien. Jeder Bezirksapostel kann seine Sicht der Dinge vortragen. Wird aber ein Beschluss gefasst, vielleicht auch mal nicht einstimmig, stellen sich die Bezirksapostel aus ihrem Selbstverständnis heraus gemeinsam dahinter.

Dies macht deutlich, wie der Stammapostel diese Versammlungen führt. Selbstverständlich hat er zu den anstehenden Tagesordnungspunkten sei-

Frankfurt a. M. 2012

ne Vorstellungen. Er will aber überzeugen, nicht anordnen. Kommen im Lauf der Beratungen Argumente auf, die seine Überlegungen in einem anderen Licht erscheinen lassen, hat er kein Problem damit, von seiner zuvor gefassten Meinung abzugehen. Er schätzt es, sich argumentativ auseinanderzusetzen. Als Folge dieses gegenseitigen Austauschs ziehen sich die Versammlungen hier und da wesentlich länger hin, als in der Tagesordnung vorgesehen war, sodass sie nicht um 18.00 Uhr enden, sondern auch um 20.00 Uhr noch nicht abgeschlossen sind. Es kam auch vor, dass die Bezirksapostel umbuchen mussten, weil es dem Stammapostel notwendig erschien, noch einen halben oder ganzen Tag anzuhängen. Ihm war wichtig, dass jeder zu Wort kam, jedes Argument auf dem Tisch lag und schließlich eine Entscheidung getroffen wurde, die jeder mittragen konnte.
Die Fragestellung bei Themen abseits der Lehre hat sich in den Jahren unter Stammapostel Leber stärker hinbewegt zu: Wo müssen wir Gemeinsamkeiten haben und wo können wir unterschiedlich sein? Er hat einen guten Blick dafür, dass Vielfalt möglich ist. Um es auf eine kurze Formel zu bringen: Einigkeit in wichtigen Dingen und Vielfalt in den vielen Nebensächlichkeiten.

Sitzung der Koordinationsgruppe, Dortmund 2013

In neuer Zusammensetzung

Sein Weg zum Entscheiden komplexer Fragestellungen zeigt sich auch in der Änderung in der Zusammensetzung der Koordinationsgruppe. Wie bereits beschrieben, wurde sie von Stammapostel Fehr eingerichtet als ein Gremium, das die Ergebnisse der vielen Projekt- und Arbeitsgruppen prüft, bewertet und Empfehlungen zur Umsetzung gibt. Die drei Mitglieder sowie der Vorsitzende wurden aus dem Kreis der Bezirksapostel und Bezirksapostelhelfer berufen. Seit 2012 hat der Stammapostel den Vorsitz inne, was seinem Bedürfnis entspringt, viel früher in den Entscheidungsprozess eingebunden zu sein, sich noch stärker mit den Argumenten befassen und sich so seine Meinung bilden zu können. Ein weiterer Vorteil ist, dass die Entscheidungswege kürzer sind. Auch hier zeigt sich die souveräne Art des Stammapostels, der nie auf seinem Standpunkt besteht, weil er das höhere Amt innehat, sondern immer dem besseren Argument den Vorzug gibt.

Duisburg 2012

3. Ziel: *„Ich habe mir vorgenommen, die von Stammapostel Fehr angestoßenen Entwicklungen mit Mut und Entschlossenheit weiterzutreiben."*

Weltweit verbindlich

Das wohl wichtigste Werk der achtjährigen Amtszeit von Stammapostel Leber ist die Fertigstellung des Katechismus: Dieser ist, wie oben angeführt, nicht eine Zusammenfassung der bisherigen Lehre. Mit ihm wurde die Lehre weiterentwickelt und weltweit verbindlich festgelegt. Was sich wie selbstverständlich anhört, ist so selbstverständlich nicht. Es ist nicht hoch genug einzuschätzen, dass der Ende 2012 erschienene Katechismus die Glaubenslehre der Neuapostolischen Kirche über alle Kontinente sowie kulturellen und gesellschaftlichen Unterschiede hinweg einheitlich beschreibt. Stammapostel Leber besitzt ein ausgeprägtes Vermögen abzuschätzen, wie das Geschriebene beim Empfänger ankommt. Entsprechend lesefreundlich ist der Katechismus, der zwar das Profil der Neuapostolischen Kirche wiedergibt, aber jede Bewertung anderer Glaubensauffassungen vermeidet.

Mitglieder der Projektgruppe „Der neuapostolische Glaube“ (DNG), 2005

Neuapostolische Kirche

Leitgedanken zum Gottesdienst

Sonntag, 2. Dezember
Licht scheint in der Finsternis

Wochengottesdienst
Adventszeit

Sonntag, 9. Dezember
Gott naht sich uns durch Christus

Wochengottesdienst
Die Kraft des Heiligen Geistes und der Liebe Gottes

Sonntag, 16. Dezember
Merkmale göttlicher Natur

Wochengottesdienst
Gott nahe sein

Sonntag, 23. Dezember
Gewissheit in Christus

Weihnachtsgottesdienst
Göttliche Zeichen

Jahresabschluss
Die Gnade erkennen und fest bleiben

Jugendgottesdienst
Glaube an Gottes Allmacht

Monatsschrift für Amtsträger
Dezember 2007

12

Die erste Ausgabe der Leitgedanken in neuer Struktur und neuem Format

„Leitgedanken" in neuer Struktur und in neuem Format

Im Dezember 2007 erscheinen die „Leitgedanken" in neuer Struktur und neuem Format. Dies ist die erste größere Veränderung, seit 1989 die „Leitgedanken zum Gottesdienst" das bisherige „Amtsblatt" abgelöst haben. Neu ist, dass die Bibelworte nicht mehr in loser Verbindung zueinander stehen, sondern thematisch einander zugeordnet sind. Die Gottesdienste im Dezember 2007 stehen zum Beispiel unter dem Thema: Gott naht sich uns. So halten die Schwerpunkte in der Predigt Verbindung zueinander, was zur Folge hat, dass der dienende Amtsträger sich in einem Gottesdienst auf den vorherigen beziehen kann. Hilfreich ist ihnen auch die Sicherheit, dass der Stammapostel jeden Artikel, der aus der Feder eines Apostels oder eines Bischofs stammt, gelesen und freigegeben hat, eine Aufgabe, die er auf Wunsch von Stammapostel Schneider auch im Ruhestand fortsetzt. Autoren können davon berichten, dass sie hier und da ihren Beitrag zurückerhalten mit Kommentaren wie: „Dieser Artikel überzeugt nicht!" – oder: „Es fehlt die rote Linie!" Auch hier gilt: Wo Leber draufsteht (als Herausgeber der Leitgedanken), ist Leber drin.

Die Bedeutung des Heiligen Abendmahles

Dem Stammapostel liegt viel daran, die Bedeutung des Heiligen Abendmahles im Gottesdienst

Mainz 2012

herauszustellen und nicht zuzulassen, dass der Höhepunkt des Gottesdienstes in seinem Wert gemindert wird. Daher räumt er der Vorbereitung auf Sündenvergebung und Heiliges Abendmahl mehr Zeit ein und leitet die Handlung jeweils mit einem Gedanken ein, der helfen soll, der Gewöhnung an die Sakramente vorzubeugen.
So sagt er beispielsweise in einem Gottesdienst im Januar 2013 in Hildesheim:

„Wir wollen unsere Sünden bekennen vor dem Herrn. Wir brauchen sie nicht vor Menschen zu bekennen, aber vor dem Herrn, und wir wollen es uns nicht zu leicht machen. Ich habe einmal in mich hineingehorcht. Dabei habe ich festgestellt, dass man mit seinen Sünden eigentlich sehr locker umgeht. Man sagt: Lieber Gott, du siehst alles, und wir geben alles unter die Gnade - und damit ist die Sache erledigt. Ich denke, wir sollten es uns nicht so einfach machen. Sünden bekennen vor Gott bedeutet auch, dass man in sich hineinhorcht, Bilanz zieht, einmal sich befragt: Wo ist denn die Schwäche? Wo kann ich, wo muss ich mich ändern? Wo sind die Dinge, die an mir noch nicht dem entsprechen, wie es der Herr gern haben möchte? Wir sollten nicht zu leichtfertig sagen: Der Herr sieht ja alles - und damit ist die Sache erledigt. Es ist eine Gefahr unserer Zeit, dass man mit den Sünden zu oberflächlich umgeht.

Ich habe im Lauf meiner Tätigkeit in verschiedenen Ämtern manches Mal erlebt, dass Ehepaare zu mir kamen, um eine mögliche Trennung mit mir zu besprechen. Was macht man da? Man forscht nach, was die Ursachen sind, was in der Ehe falsch gelaufen ist. Wisst ihr, was man so oft mit Erschrecken feststellt? Keiner von beiden weiß das so recht.

Irgendetwas ist falsch gelaufen, aber man kann nicht sagen, was. Ich habe schon mehrfach erlebt, dass die Betreffenden richtig hilflos vor mir standen, weil man nicht so richtig analysiert hat, was zu dieser Situation geführt hat.

Man zieht sehr wenig Bilanz über sein eigenes Verhalten, über sein eigenes Herz. Wenn Ehepaare kamen und nicht weiterwussten – den Fehler des anderen hat jeder schnell festgestellt. Aber sich selbst anzusehen, die eigenen Schwächen aufzudecken, das fällt uns sehr schwer. Lasst uns also nicht oberflächlich damit umgehen, sondern lasst uns immer so ein wenig in uns hineinhorchen, damit wir die Lehren daraus ziehen und in Zukunft anders handeln."

Aus dem Wunsch, die Gottesdienste feierlicher zu gestalten, wurde der Gottesdienstablauf 2010 erweitert. Durch die Veränderung der Liturgie wird der Feier des Heiligen Abendmahls mehr Raum für Andacht und innere Sammlung gewährt.
In diesen Zusammenhang gehört, dass es dem Stammapostel wichtig ist, das Heilige Abendmahl für die Entschlafenen empfindungsreicher zu gestalten. Von ihm geht aus, dass der Gottesdienst nach der Darreichung des Heiligen Mahles für die Entschlafenen nicht einfach fortgesetzt wird, sondern durch einen behutsamen Chor- oder Musikbeitrag der innerlichen Regung noch etwas Raum gegeben werden soll.

Friedberg 2011

Ökumene

Fortschritte gibt es in dem Bestreben, mit anderen christlichen Kirchen ins Gespräch zu kommen und die gegenseitige Akzeptanz zu erhöhen. Stammapostel Leber hat die Arbeit der Projektgruppe „Kontakte zu anderen Kirchen und Religionen“ aktiv unterstützt. Die Gesprächspartner der Gruppe schätzen den Leiter der Neuapostolischen Kirche ein als einen bodenständigen und zum Frieden bereiten Menschen. Das beharrliche Bemühen der Projektgruppe unter der Leitung von Apostel Volker Kühnle führt auch innerkirchlich zu dem Erfolg, dass „Ökumene“ nicht mehr so sehr angstbesetzt ist und nur als Reizwort verstanden wird. Unter den Geschwistern wächst das Verständnis, dass in einer Zeit, in der das Christentum immer mehr an den Rand gedrängt wird, die christlichen Konfessionen stärker aufeinander zugehen sollten unter Achtung der Lehrmeinung der Anderen und mit Respekt vor unterschiedlichen Sichtweisen.

Besonders offen hat der Stammapostel 2006 in einem Interview mit dem evangelischen Wochenmagazin „idea-Spektrum“ geantwortet.

„idea: Seit fünf Jahren führt die Neuapostolische Kirche Gespräche mit Vertretern der Arbeitsgemeinschaft Christlicher Kirchen (ACK). Woher kommt das Interesse? Leber: Wir haben über Jahrzehnte in einer selbst gewählten Isolation gelebt. Es war für uns zum Beispiel lange Zeit unvorstellbar, idea ein Interview zu geben. Inzwischen haben wir unsere Distanz gegenüber anderen Christen aufgegeben. Wir wollen die Gemeinsamkeiten unseres Glaubens stärker betonen und freuen uns über den Dialog.“

Bezirksapostelbereiche werden verändert, neue Gebietskirchen entstehen

Die Amtszeit von Stammapostel Leber ist auch geprägt davon, den aktuellen Erfordernissen Rechnung zu tragen. Das führt zum einen dazu, dass einige Länder aus praktischen Gründen einem anderen Bezirksapostelbereich zugewiesen werden. So wechselt zum Beispiel 2007 das portugiesisch sprechende Guinea-Bissau von Bezirksapostel Hagen Wend in die Betreuung von Bezirksapostel Armin Brinkmann, der zuvor schon die portugiesisch sprechenden Länder Angola, Kap Verde und São Tomé e Príncipe in seiner Obhut hatte. Zum anderen entstehen neue Gebietskirchen und sie erhalten eigene Bezirksapostel, als Beispiel seien die beiden Bereiche in der Demokratischen Republik Kongo genannt oder auch South East Asia und East Africa.

Gründung der Gebietskirche Südostasien am 18. Januar 2009 mit Bezirksapostel Urs Hebeisen (2. v. l.)

Moskau 2011

„Denn die Freude am Herrn ist eure Stärke.“

Nehemia 8,10

Philippsthal 2011

Moskau 2011

Kapstadt 2008

St. Gallen 2012

Oberhausen 2007

Oberhausen 2007

Bad Arolsen 2010

Straßburg 2012

Düsseldorf 2009

In seinem Züricher Büro bei den Aufnahmen zum Filmporträt

Ein Arbeitstag mit Stammapostel Wilhelm Leber

Wenn der Stammapostel nicht auf Reisen ist, arbeitet er in einem seiner beiden Büros. Überwiegend geschieht dies in Zürich, seltener in Hamburg. Wie und was arbeitet er als Kirchenpräsident von NAK International? Einen Tag lang durfte der Autor ihm über die Schulter schauen. ... >>

Ein Dienstag im März 2013, 9.30 Uhr: „Herzlich willkommen bei NAKI", empfängt mich Schwester Christine Schulmann an diesem Morgen. Nach einer kurzen Begrüßung und einigen Worten bringt sie mich in die dritte Etage des Verwaltungsgebäudes in der Überlandstraße in Zürich. Dort, im obersten Stockwerk, hat der Stammapostel sein Büro. Am anderen Ende des Flures sitzt sein Sekretär, Evangelist Urs Hürlimann. Daneben wurde für Stammapostelhelfer Schneider ein Büro eingerichtet.

Der Stammapostel hat bereits eine Besprechung mit seinem Sekretär. Deshalb nehme ich im Vorraum Platz und lese ein wenig in den „Erinnerungen", die Stammapostel Fehr in seinem Ruhestand verfasst hat. Nach kurzem Warten öffnet sich die Tür, der Stammapostel begrüßt mich und bittet mich in sein Büro. Ich setze mich an einen Besprechungstisch und blicke auf den Schreibtisch des Stammapostels, auf dem viel Papier liegt. Er erledigt noch rasch einige wichtige Dinge, schreibt kurz was auf, liest Mails. Ein Anruf unterbricht die Stille: Das Filmteam des Bischoff Verlages ist eingetroffen. Es möchte die Arbeitsatmosphäre filmen. Ich hole die beiden Besucher im Erdgeschoss ab – und bringe bei dieser Gelegenheit einen Spezialespresso für den Stammapostel mit, den Schwester Schulmann bereitet hat. Nun schauen wir zu dritt – Reporterin, Kameramann und ich – dem Stammapostel bei seiner wenig spektakulären Schreibarbeit zu. Er konzentriert sich, aber es ist zu spüren, dass die Beobachter eine gewisse Unruhe verursachen.

Der Stammapostel greift zum Telefon, ruft seinen Sekretär an und bespricht mit ihm zwei Briefe, die dieser beantworten soll. Zuletzt bittet er ihn, einen Kontakt mit Stammapostel Fehr herzustellen, ob es möglich sei, gemeinsam zu Mittag zu essen. Wenig später klopft es, Evangelist Hürlimann tritt ein und teilt mit, der gesundheitliche Zustand des Stammapostels in Ruhe lasse es leider nicht zu, gemeinsam zu essen.

Der Stammapostel geht am Bildschirm eingegangene Mails durch. Eine stammt von Bezirksapostel

Das Verwaltungsgebäude der NAK International in Zürich

Koberstein. Sie betrifft den Gottesdienst, den der Stammapostel am nächsten Sonntag in Hessen halten wird. Vorgesehen sind dabei die Ordination des Bischofs Fesdjian sowie die Silberhochzeit von Apostel Lindemann und seiner Frau. „Wo finde ich die Unterlagen?“, fragt der Stammapostel über Telefon seinen Sekretär. „Sie liegen bereits im Fach!“, antwortet Evangelist Hürlimann. Der Stammapostel öffnet einen Wandschrank mit Fächern, in dem für jeden anstehenden Gottesdienst die notwendigen Unterlagen gesammelt werden: Tickets, die Übersicht über die Flug- oder Bahnverbindungen, die Hotelanschrift, den vorgesehenen Ablauf sowie Hinweise auf die bevorstehenden Handlungen.

Inzwischen ist es 10.30 Uhr. Für diesen Zeitpunkt ist eine Besprechung mit Schwester Diana Cannatella, Bezirksevangelist Daniel Brenner und Bruder Martin Strasser in der Bibliothek anberaumt. Erster Punkt: das Protokoll der Bezirksapostelversammlung, die in der Vorwoche in Zürich stattgefunden hat, soll genehmigt werden. Der Stammapostel geht mit seinen Mitarbeitern sämtliche Punkte durch und unterschreibt schließlich das Protokoll, das anschließend an die Bezirksapostel versandt wird.

Stammapostelhelfer Schneider kommt hinzu, als der nächste Punkt behandelt wird: die Bezirksapostelversammlung Europa, die für April vorgesehen ist und vorbereitet werden soll. Bruder Strasser stellt die bisher bekannten Tagesordnungspunkte vor. Im gemeinsamen Austausch wird festgelegt, wer die Präsentation welcher Punkte übernimmt, wie hoch der Zeitbedarf jeweils sein wird und welche Unterlagen noch zu beschaffen sind. Auf dieser Grundlage bereitet Martin Strasser die Einladung an die europäischen Bezirksapostel vor.

Dann folgt der umfassendste Punkt der Besprechung: die Anpassung von Beschlüssen aus früheren Bezirksapostelversammlungen an den Katechismus. Dieses Hauptthema beschäftigt die Gruppe bis in den frühen Nachmittag. Der stille Beobachter bewundert die Geduld der Teilnehmer, die die vielen Entscheide, die zum Teil aus den 80er-Jahren des letzten Jahrhunderts stammen, einzeln betrachten und bewerten.

Um 12.30 Uhr unterbricht der Stammapostel die Sitzung, im Erdgeschoss ist ein Imbiss vorbereitet. Danach geht es wieder zurück in die Bibliothek, die Sitzung wird fortgesetzt. Gegen 15.30 Uhr ist sie beendet – und es erscheint mir so, als seien die Teilnehmer froh darüber, alle Punkte abgeschlossen zu haben. Ohne Pause geht es für den Stammapostel weiter. Das Filmteam hat ein paar Fragen, die der Stammapostel in seinem Büro beantwortet. Dabei gibt er Einblick in sein Verhältnis zur Schweiz, in sein Verständnis von seinem Amt und in das, was ihm in den vergangenen Jahren besonders wichtig erschien.

Kaum ist die Kamera ausgeschaltet, wird der Stammapostel neu gefordert. Für 16.00 Uhr ist ein Interview vereinbart mit der Redaktion des Bischoff Verlags. Der Stammapostel stellt sich den Fragen, wie er die Kirche im Jahr 2020 sieht. (Das Interview findet sich auf Seite 168.) Das Gespräch dauert mehr als zwei Stunden. Da unsicher ist, ob nach 18.00 Uhr außer dem Stammapostel noch weitere Mitarbeiter von NAKI im Haus sind, bringt er uns selbst an die Tür, damit wir nicht unbeabsichtigt Alarm auslösen.

Mein Fazit: Auf den ersten Blick unterscheidet sich die Arbeit des Stammapostels in nichts von dem Tagesablauf des Chefs einer beliebigen Organisation: Es wurde telefoniert, es fanden Abstimmungen mit engen Mitarbeitern und eine Sitzung statt, außerdem stand er in Interviews Rede und Antwort. Es ist unmöglich, Seelsorge und Verwaltung klar voneinander abzugrenzen. Zu wie viel Prozent ist Wilhelm Leber Stammapostel, und zu wie viel Kirchenpräsident? Sicher ist jedenfalls, dass er sich zuerst als Seelsorger versteht, der die Kirche innerhalb der vom Evangelium vorgegebenen Linien auf Kurs hält und das Ziel des Glaubens nie aus dem Auge verliert.

Potsdam 2012

Metz 2006

„Gehet hin in alle Welt und predigt das Evangelium aller Kreatur."

Markus 16,15

EUROPA

Litauen 2007

Graz 2007

Lissabon 2012

Fellbach 2011

Albury 2010

Danzig 2007

Die Apostelversammlung in Kapstadt, 2010

Der Stammapostel als Kirchenpräsident

Die „Neuapostolische Kirche International" ist eine Organisation. Dazu sagt die Satzung im Vorwort: „Die Neuapostolische Kirche International (im Folgenden: NAKI) ist ein selbstständiger Verein nach schweizerischem Recht." ... >>

Die Ordination von Bezirksapostel Rüdiger Krause, die Ruhesetzung von Bezirksapostel Karlheinz Schumacher am 5. Dezember 2010

Die Ordination von Bezirksapostel Michael Ehrich, die Ruhesetzung von Bezirksapostel Klaus Saur am 23. April 2006

In der NAKI sind der amtierende Stammapostel und alle im aktiven Dienst der Neuapostolischen Kirche aller Länder der Erde stehenden Bezirksapostel und Apostel als Mitglieder zusammengeschlossen.

Die NAKI bildet gemeinsam mit allen neuapostolischen Gebietskirchen – unter Wahrung deren rechtlicher Selbstständigkeit – eine in der Lehre einheitliche, weltweit wirkende Gesamtkirche unter der Leitung des Stammapostels als ihrem obersten Geistlichen.

Daraus ergibt sich, dass NAKI nicht, wie man aus dem allgemeinen Sprachgebrauch annehmen könnte, die internationale Dachorganisation der regionalen Gebietskirchen ist, sondern der Zusammenschluss aller Apostel. Das Gebäude in der Überlandstraße in Zürich ist demnach Sitz des Stammapostels und seiner Administration.

Die Aufgaben des Stammapostels

Die Aufgaben des Stammapostels sind insbesondere in § 7 der Satzung beschrieben:
Der Stammapostel entscheidet allein über alle Angelegenheiten der NAKI, welche nicht durch die Statuten oder zwingende gesetzliche Bestimmungen einem anderen Organ zugewiesen sind. Er ist insbesondere zuständig für:

7.7.1 Berufung und Ordination der Bezirksapostel, Apostel und Bischöfe.
7.7.2 Ruhesetzung und Abberufung von Bezirksaposteln, Aposteln und Bischöfen.
7.7.3 Beurlaubung von Bezirksaposteln, Aposteln und Bischöfen für eine bestimmte Zeit.
7.7.4 Festlegung und Änderung der Grenzen der Gebietskirchen und Bildung neuer Bezirksapostelbereiche sowie Neuzuteilung von Gebieten an Bezirksapostel zur Betreuung.
7.7.5 Erstellen des Jahresbudgets der NAKI.
7.7.6 In Absprache mit dem zuständigen Bezirksapostel: Festlegung des an NAKI zu leistenden finanziellen Beitrags (Art. 5.1).

7.7.7 Entscheidung über Ausgaben und Verwaltung des Vermögens der NAKI. Er kann NAKI gerichtlich und außergerichtlich allein vertreten, einschließlich bei Rechtsgeschäften über Grundstücke.

7.7.8 Erstellung der Jahresrechnung und Verfassen des Jahresberichts von NAKI.

7.7.9 Schlichtung von Meinungsverschiedenheiten unter den Mitgliedern von NAKI.

7.7.10 Berufung seines Nachfolgers aus der Mitte der Mitglieder der NAKI. Der Stammapostel hinterlegt ein diesbezügliches Dokument im Tresor der NAKI. Ein entsprechender Hinweis und eine Vollmacht zur Eröffnung des Dokumentes sind in der Verwaltung der NAKI deponiert.

7.7.11 Regelung für den Fall einer voraussichtlich vorübergehenden Verhinderung an der Ausübung seines Amtes und seiner Funktionen: Der Stammapostel hinterlegt ein diesbezügliches Dokument im Tresor der NAKI. Ein entsprechender Hinweis und eine Vollmacht zur Eröffnung des Dokumentes sind in der Verwaltung der NAKI deponiert.

7.7.12 Erlass von Anordnungen und Weisungen in Angelegenheiten der Gesamtkirche.

Alleine aus dieser Aufzählung geht hervor, wie schwimmend die Grenze ist zwischen Seelsorge und Verwaltung. Daraus wird aber auch deutlich, welche Verantwortung dem Stammapostel obliegt und wie nötig es ist, dass ihm in den administrativen Angelegenheiten ein Team zur Hand geht. Der Leiter der Verwaltung ist Bruder Erich Senn, der diese Aufgabe seit 2005 wahrnimmt.

Beherrscht und anspruchslos – so charakterisieren die Mitarbeiter von NAKI den Stammapostel im täglichen Umgang. Niemand kann sich an eine einzige Situation erinnern, in der er aus der Haut gefahren wäre. Seinem Unmut macht er schon einmal behutsam Luft, wenn es Probleme mit dem Computer gibt und der Zugang zum Server nicht funktioniert. Für seine Mitarbeiter ist es auch nicht ungewöhnlich, dass der Stammapostel um 6.30 Uhr im Büro sitzt, wenn er beispielsweise um 6.00 Uhr morgens mit dem Flugzeug in Zürich eintrifft. Allerdings geht er dann etwas früher als üblich nach Hause. Zum Mittagessen ist er mit einer Tütensuppe zufrieden, wenn er sich nichts von zu Hause mitgebracht hat. Will er ein Telefonat führen, wählt er überwiegend selbst. Da kann es schon mal passieren, dass dem Angerufenen der Hörer aus der Hand fällt, wenn das Telefon klingelt und sich „Leber“ meldet.

Der Stammapostel und sein Kirchensprecher

Ein sehr enges Vertrauensverhältnis verbindet Stammapostel Wilhelm Leber mit dem Kirchensprecher, Bischof Johanning. Seine Wahrnehmung des Stammapostels ist auch geprägt durch den Blick von außen nach innen, welche Erwartungen also andere christliche Konfessionen an den obersten Repräsentanten der Neuapostolischen Kirche haben. Sie erwarten nach seinen Worten Verlässlichkeit, Demut vor der Heiligen Schrift, Kompetenz und auch Bereitschaft zu offenen Gesprächen – und das bestätigen sie ihm auch.

Kann der Kirchensprecher einen Gottesdienst des Stammapostels unverkrampft und innerlich beteiligt erleben? Kann er so zuhören wie jeder in der Gemeinde? Der Bischof gesteht: Das fällt nicht immer leicht. Er achtet schon darauf, wie dieser Satz, diese Aussage in der Öffentlichkeit ankommen und aufgefasst werden könnte und welche Reaktionen darauf eingehen könnten. Dennoch aber sind die Gottesdienste des Stammapostels für den Kirchensprecher eindrucksvoll und begeisternd.

Der Stammapostel und sein Kirchensprecher, Bischof Peter Johanning

Stammapostel Leber beauftragt Bezirksapostel Schneider als Stammapostelhelfer, Köln 2012

Die Nachfolger-Frage

Für Stammapostel Leber stand früh fest, dass er dem Beispiel von Stammapostel Fehr folgen und um das 66. Lebensjahr in den Ruhestand treten werde. In der Nachfolger-Frage wählte er aber eine andere Vorgehensweise als sein Vorgänger. Er kündigt im März 2012 an, dass er in absehbarer Zeit in den Ruhestand treten werde und an Pfingsten 2012 in Köln Bezirksapostel Schneider aus Frankreich als Stammapostelhelfer beauftragen und damit die Weichen für die Zukunft stellen werde. Somit wurde jegliche Spekulation im Keim erstickt – und der Stammapostelhelfer erhielt die Möglichkeit, sich mit den neuen Fragestellungen vertraut zu machen und verstärkt einzubringen.

Schlussworte

Das Schlusswort soll der Stammapostel selbst haben. Es ist bezeichnend für ihn, wie er auf die Frage antwortet, was sein einprägsamstes Erlebnis in den acht Jahren seiner Amtszeit war:

*„Es sind viele Einzelerfahrungen, die mich geprägt haben.
Kürzlich war ich beim Jugendtag in der Schweiz. Dort gibt es eine
Schwester, etwa 30 Jahre alt, die gelähmt im Bett liegt. Die einzige Verbindung
zur Außenwelt ist ein Computer, den sie über Augenbewegungen steuert.
Und doch ist sie freudig, ein Gotteskind mit einer enormen inneren Kraft.
Ich hatte Gelegenheit, sie vor dem Gottesdienst zu begrüßen. Ich zehre noch
heute von dieser Begegnung. Das macht den Reichtum dieser Zeit aus –
nicht unbedingt die großen Dinge, sondern die oftmals ganz kleinen
Erfahrungen, Erlebnisse, bei denen man spürt, wie der liebe Gott
wirken kann, wie er die Herzen erfüllt.
Das ist für mich das Größte.“*

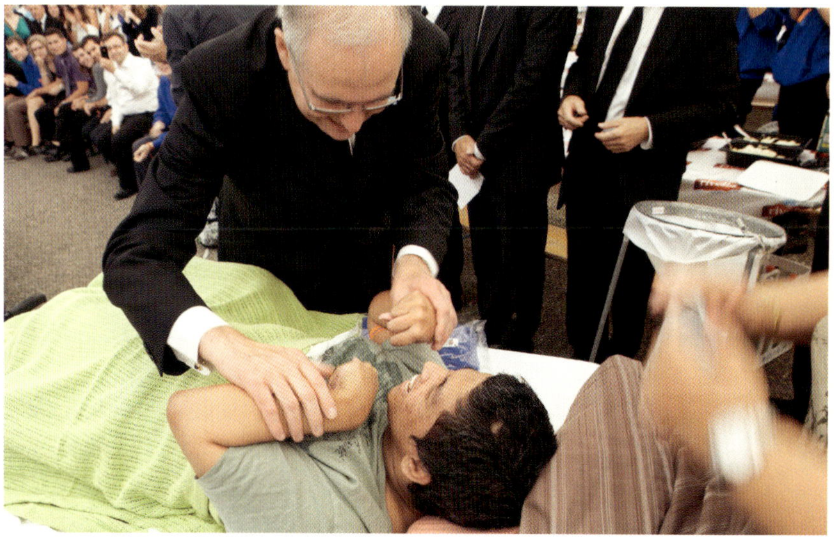

*Die Begegnung zwischen Stammapostel Leber
und der gelähmten Schwester Nazlin
am Schweizer Jugendtag, Bern 2012*

Sydney 2007

„Gehet hin in alle Welt und predigt das Evangelium aller Kreatur."

Markus 16,15

AUSTRALIEN

Papua-Neuguinea 2011

Papua-Neuguinea 2011

Papua-Neuguinea 2011

Fidschi 2007

Papua-Neuguinea 2011

Fidschi 2007

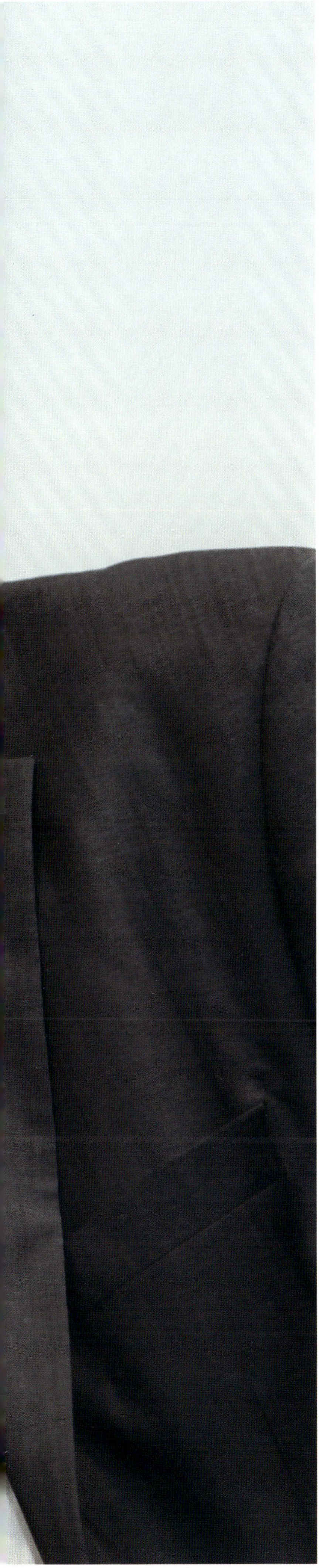

Interview mit Stammapostel Leber

Lieber Stammapostel, sind Sie mit dem, was Sie in Ihrer Amtszeit als Stammapostel erreicht haben, zufrieden?

Meine persönliche Befindlichkeit spielt keine Rolle. Als Kirchenleitung versuchen wir, uns nach dem göttlichen Willen auszurichten und die Gläubigen auf die Wiederkunft Christi vorzubereiten. Das steht im Mittelpunkt. Das schließt aber nicht aus, dass man Vorstellungen hat, Pläne und Konzepte entwickelt. Ich hatte mir zu Beginn meiner Amtszeit vorgenommen, das Profil der Kirche zu schärfen. Dabei hatte ich nie die Absicht, dass wir uns scharf abgrenzen gegen andere, sondern wollte deutlich machen: Was ist neuapostolisch? Dazu gehört, das Gemeinsame mit anderen christlichen Kirchen und mit anderen Christen herauszustellen; dazu gehört aber auch, das Besondere des neuapostolischen Glaubens kenntlich zu machen. Ich bin dankbar, dass dies durch den Katechismus geleistet werden konnte und damit ein Meilenstein in der Entwicklung der Kirche erreicht wurde. Insofern bin ich zufrieden. Natürlich gibt es Dinge, die noch in der Entwicklung begriffen sind und nicht abgeschlossen werden konnten. Ich glaube, man wird nie dahin kommen zu sagen: Nun ist alles zu einem glücklichen Ende gekommen. Das wird erst am Tag des Herrn so sein.

Das klingt danach, als gäbe es Vorhaben, von denen Sie sich wünschten, sie wären weiter vorangekommen.

Entwicklungen kann und will man nicht allein gestalten, sie sind auch abhängig von der Gesamtkonstellation. Ein Beispiel: Die Versöhnung mit der VAG (Vereinigung Apostolischer Gemeinden) hätte ich mir etwas weiter fortgeschritten gewünscht. Das wird eine Aufgabe bleiben für die Zukunft. Ein weiterer Punkt, der noch offen ist: Im Amtsverständnis ist zum Beispiel die Rolle der Frau in der Kirche noch zu klären. Kürzlich sagte einer der Bezirksapostel: Nach dem Katechismus ist vor dem Katechismus. Dieses Werk muss also fortgeschrieben werden. Ein anderer Schwerpunkt, der immer wieder neu zu Herausforderungen führt: Wir haben etliche Bezirksapostel, die in absehbarer Zeit in den Ruhestand gehen, und es gilt, geeignete Nachfolger zu finden.

Sie haben in Ihrer Amtszeit einige neue Bezirksapostelbereiche gegründet. Wie sieht nach Ihrer Vorstellung die neuapostolische Landkarte im Jahr 2020 aus?

Dieser Prozess wird weitergehen. Ich denke schon, es ist gut, wenn die Gebiete, in denen unsere Kirche schon lange Zeit vertreten ist und wo stabile Strukturen aufgebaut worden sind, in die Selbstständigkeit geführt werden können. Da werden in Afrika sicherlich noch weitere Veränderungen anstehen. In Europa ist der Gottesdienstbesuch eher rückläufig, gehen die Mitgliederzahlen, wenn auch in geringem Umfang, zurück. Das wird hier zu einem Konzentrations-

prozess führen, den wir sehr behutsam angehen wollen. Es ist aber vorstellbar, dass bis 2020 die Anzahl der Bezirksapostelbereiche abnimmt. Das wäre eine Entwicklung, die mit der Konzentration auf örtlicher Ebene einhergeht.

Das führt zu der Frage: Wie deutsch bleibt die Kirche, oder wie international wird sie?

Die Kirche ist und soll nicht deutsch sein, sie ist international ausgerichtet. Es lässt sich nicht leugnen, dass von der Entwicklung her die Kultur, die Denkweise Einfluss genommen haben. Aber wir versuchen, alle relevanten Entscheidungen auf eine breite Basis zu stellen. Dabei haben sich Bezirksapostelversammlungen als sehr segensreich erwiesen. Da sind alle beteiligt und heute schon ist es so, dass die außereuropäischen Gebietskirchen ihre Überlegungen mit einbringen und das Gesamtbild der Kirche prägen. Ich schließe nicht aus, dass das in der Zukunft noch deutlicher sichtbar wird.

Die „Eurozentrik“ scheint dennoch immer stark gegeben. Die „Leitgedanken“ werden größtenteils in Deutsch verfasst und bearbeitet. Die Lehrwerke sind zumeist in Deutsch erstellt und dann übersetzt. Fließt da nicht zwangsläufig die deutsche Denkweise mit ein?

Das ändert sich. Bei den „Leitgedanken“ haben wir heute viele englischsprachige Autoren und versuchen, das auszuweiten auf Spanisch sprechende Autoren, also auf Apostel aus Südamerika. Insofern kommen schon außereuropäische Elemente hinein. Es ist richtig, dass die Endredaktion hier in Deutschland liegt. Das ist aber eine Frage der Zweckmäßigkeit und auch der Kosten bei der Zusammenarbeit. Ein Beispiel dafür, wie international wir aufgestellt sind, ist die

> *„Was ist neuapostolisch? Dazu gehört, das Gemeinsame mit anderen christlichen Kirchen und mit anderen Christen herauszustellen; dazu gehört aber auch, das Besondere des neuapostolischen Glaubens kenntlich zu machen.“*
>
> *Wilhelm Leber*

Arbeitsgruppe, die unter dem Vorsitz von Bezirksapostel Woll aus Kanada das Material für die Kinderunterrichte erstellt. Hier zeigt sich aber eine Schwierigkeit: In den einzelnen Erdteilen gibt es pädagogisch unterschiedliche Konzepte. Es wird so sein, dass die Einzelmaterialien für die Sonntagsschule, für den Konfirmandenunterricht, für den Religionsunterricht in den einzelnen Ländern angepasst werden müssen.

Afrika setzt eigene Impulse, speziell Südafrika, zum Beispiel mit NAC-TV oder auch mit dem monatlichen Informationsblatt „African Joy“. Der neue Stammapostel hat ein besonderes Augenmerk auf Afrika. Wird die Neuapostolische Kirche afrikanischer?

Sicherlich rückt das Gewicht Afrikas mehr ins Bewusstsein. Die dortigen Gebietskirchen betonen selbstbewusst ihre Eigenständigkeit und machen ihren Einfluss geltend. Sie ergreifen auch Initiativen, die hineinstrahlen nach Europa. Aber das ist im Sinn einer Bereicherung nur positiv zu sehen.

Von deutschen Gebietskirchen wird eine große finanzielle Leistung für überseeische Gebiete aufgebracht. Andererseits bereitet die Entwicklung der Einnahmen Sorge. Könnte Opfermüdigkeit auch dadurch entstehen, dass das, was man in seiner Gemeinde opfert, nicht unbedingt der eigenen Gemeinde zugutekommt, sondern internationalen Zwecken dient?

Das ist eine berechtigte Frage. Ich habe hin und wieder gehört, dass auch Gemeinden etwas einfordern. Sie sagen: Da sieht man in „Unsere Familie“ weltweit schöne Bauten und bei uns sieht es so armselig aus. Es muss uns aber bewusst sein, dass wir als Neuapostolische Kirche eine Familie sind, zusammengehören und einander tragen. Das entspricht unserem christlichen Verständnis. Wir müssen auf der Ebene der Bezirksapostel darüber nachdenken, wie wir diesen Gedanken stärken können und transparent machen. Als Stammapostel habe ich von Beginn an sehr viel Wert darauf gelegt und die Gebietskirchen ermuntert, finanziell selbstständig zu werden. Wir haben gute Fortschritte auf diesem Weg gemacht. Es muss so werden, dass alle Gebiete im Rahmen ihrer Möglichkeiten zur Eigenfinanzierung kommen.

Die Frage der Internationalität führt auch zur Frage: Wird der neue Stammapostel der letzte europäische oder zumindest der letzte deutschsprachige Stammapostel gewesen sein?

Es wird derjenige als Stammapostel berufen

werden, der der Geeignete ist. Ich glaube nicht, dass regionale Gesichtspunkte eine überragende Rolle spielen werden. Es ist denkbar, dass ein Stammapostel von einem anderen Erdteil kommt, ganz gewiss.

Warum müssen wir Amts- und Funktionsträger verstärkt für ihre Aufgaben ausrüsten? Vertrauen wir heute weniger als zuvor auf das Wirken des Heiligen Geistes?

Das ist sicherlich ein Spannungsfeld. Ich kenne noch aus den Anfängen meiner Amtstätigkeit eine Formulierung, die lautete: „Der Heilige Geist kann nur das erwecken, was sich vorher jemand angeeignet hat." Die Wirksamkeit des Heiligen Geistes brauchen wir, sie ersetzt aber nicht eigenes Bemühen. Wir dürfen weder das eine noch das andere vernachlässigen, beides gehört zusammen. In der heutigen Zeit müssen wir alles tun, um eine ansprechende Seelsorge zu gewährleisten. Dazu gehören Schulungen und Unterweisungen. Aufgrund der Bildung und der Informationsmöglichkeiten sind die Geschwister heutzutage anspruchsvoller geworden. Wir wollen aber nicht den Eindruck erwecken, dass es nur noch verkopft zugeht. Die Wirksamkeit des Heiligen Geistes spielt für uns die entscheidende Rolle.

Zumindest in Deutschland beobachtet man ein Verhalten unserer Geschwister, das sich mit „Konsum" beschreiben lässt. Sie fordern die

Leistungen der Kirche ein – persönliche Seelsorge, tolle Gottesdienste, Trauerbegleitung – und sind aber immer weniger bereit, sich selbst zu engagieren. Mit Blick auf 2020: Wird die Gemeinde verstärkt zum religiösen Dienstleister?

Das ist eine Sorge, die ich auch habe. Darauf gibt es sicherlich keine Pauschalantwort. Das ist ein Trend unserer Zeit, eine gesellschaftliche Entwicklung, die in vielen Bereichen zu beobachten ist. Wir versuchen, Gegengewichte zu setzen und die Geschwister so stark zu machen, dass sie mit Freuden mitarbeiten. Das wird aber eine dauernde Herausforderung bleiben. Wenn die Geschwister im Glauben stark sind, sind sie integriert in der Kirche und übernehmen auch Aufgaben.

Worauf müsste die Kirche aus Ihrer Sicht das Hauptaugenmerk richten?

Ich denke, dass gehaltvolle, starke Gottesdienste, die die Geschwister motivieren, ein zentraler Punkt sind. Da kommen vielfältige Dinge zusammen. Theologisches Wissen ist als Hintergrund sicherlich nützlich und segensreich; auch gewisse Hilfsmittel bis hin zur Rhetorik können gut sein. Aber das ist nie das Wesentliche, das sind

Hilfsmittel. Wir müssen versuchen, die Brüder auszurichten, dass sie imstande sind, gehaltvolle Predigten zu halten. Das geht über Schulungen, aber auch die „Leitgedanken" müssen so viel hergeben, dass die Brüder damit gute und inhaltsreiche Gottesdienste gestalten können.

Ist dazu die freie Predigt notwendig? Wenn man es anspruchsvoller haben möchte, könnte man ja sagen: Schriftlich vorbereitete Predigten können gehaltvoller sein, man kann mehr hineinpacken und sie können rhetorisch ein bisschen geschickter sein.

Ich rate unbedingt dazu, dass wir an unserer Form der freien Rede, der lebendigen Predigt, die aus dem Stegreif formuliert wird, festhalten. Das ist unser Profil und entspricht unserem Verständnis von Gottesdienst. Eine eng vorbereitete Vorlage für die Predigt würde dem Anspruch nicht gerecht, dass der Heilige Geist wirkt und dass die Gemeinde individuell angesprochen wird. Damit will ich nicht dafür plädieren, dass man unvorbereitet in den Gottesdienst kommt. Wir bereiten uns sorgfältig auf einen Gottesdienst vor, haben ein Gerüst im Kopf für die Erschließung des Bibelwortes, vielleicht noch einen einleitenden oder ausleitenden Gedanken. Aber alles muss aus dem Erleben des Gottesdienstes heraus lebendig bleiben. Es muss auch die Freiheit bestehen, dass sich die Predigt in eine andere Richtung entwickelt oder der Schwerpunkt anders gesetzt wird, als man es vorher gedacht hat. Das macht den Gottesdienst lebendig, das ist es auch, was wir mit dem Wirken des Heiligen Geistes in Verbindung bringen. Daran würde ich sehr stark festhalten wollen.

Im Laufe meiner Amtstätigkeit als Stammapostel habe ich gelernt, dass auch regionale Unterschiede bestehen. Man wird in Afrika einen anderen Gottesdienst halten als in Europa; weil

dort Emotionen eine noch größere Rolle spielen oder einfache Bilder die Geschwister sehr viel mehr ansprechen, als das hier in Europa der Fall ist. Man muss sich schon auf die Gemeinde einstellen, und ich denke, das ist gut so. Man muss sich von dem Wort oder von der Atmosphäre bewegen lassen und dem auch Raum geben.

Brauchen wir den Abendgottesdienst in der Mitte der Woche noch?

Der Gottesdienst mitten in der Woche soll weiterhin bestehen bleiben! Das ist die einhellige Ansicht aller Bezirksapostel. Wir haben uns schon oft in diesem Kreis intensiv Gedanken darüber gemacht, aber es würde nichts verbessern, wenn wir den Mittwochsgottesdienst aufgäben. Uns ist bewusst, dass aus vielerlei Gründen die Zahl der Gottesdienstteilnehmer am Mittwochabend geringer ist. Wir versuchen, dem entgegenzusteuern, indem wir für den Abendgottesdienst Bibelworte heraussuchen, die plakativ sind und mehr aufmunternden Charakter haben. In manchen

*„Es muss uns bewusst sein,
dass wir als Neuapostolische Kirche eine Familie sind,
zusammengehören und einander tragen."*

Wilhelm Leber

Fellbach 2005

Gegenden, zum Beispiel in Nordamerika, gibt es Überlegungen, den Mittwochsgottesdienst ein bisschen anders zu gestalten: Ihn musikalisch anzureichern oder ihn in kleineren Kreisen, Hausgemeinden, als offene Frage- und Antwortstunde, also in Form eines Gespräches zuzulassen. Immer wird dabei aber das Heilige Abendmahl gefeiert.

Hätten Sie die Sorge, dass der Gottesdienstbesuch geringer würde, wenn kein Heiliges Abendmahl mehr gefeiert würde?

Ich weiß nicht, ob das direkten Einfluss hätte. Ich finde es sehr bereichernd, dass in jedem Gottesdienst Heiliges Abendmahl angeboten wird, und es würde mir sehr wehtun, wenn wir das aufgeben würden. Wenn man am Abendgottesdienst etwas ändern wollte, stände mehr der Predigtteil im Fokus.

Wie wichtig ist es, alle verfügbaren Gottesdienste – wie es mal hieß – „auszukaufen"?

Es gibt ja ganz unterschiedliche Verhältnisse, die wir nicht bewerten können. Das kann allein der liebe Gott. Es müsste eigentlich ein Feuer angefacht werden in den Geschwistern und die Glaubensgrundlage so gestärkt werden, dass es dem Einzelnen ein Bedürfnis ist, jeden Gottesdienst auszukaufen, auch den Mittwochsgottesdienst. Man fragt sich oftmals: Wie kann man das machen, dass die Begeisterung, die zum Beispiel Einzelne für ihre Hobbys haben, auch der neuapostolische Christ für seinen Glauben haben kann? Sicher, Hobbys und Kirche sind auf unterschiedlichen Ebenen angesiedelt. Aber Begeisterungsfähigkeit und das Begeistertsein versuchen wir zu fördern, das ist ganz entscheidend für diese Frage.

Für die Geschwister vor Ort ist ihre Gemeinde die Neuapostolische Kirche. Viele interessieren sich weniger für die Feinheiten der Lehre, sondern dass sie sich wohl und angenommen fühlen und den lieben Gott erleben. Müsste die Gemeinde daher nicht in organisatorischen Dingen mehr Freiheiten haben?

Das könnte ich mir vorstellen. Ich glaube schon, dass größere Flexibilität in Zukunft sinnvoll ist.

Auch im musikalischen Bereich gibt es manche Festlegungen. Wie sieht der Freiraum der Gemeinden 2020 aus? Wird es mehr Platz geben für unterschiedliche Stilrichtungen?

Bisher haben wir daran festgehalten, das Repertoire für den Gottesdienst festzulegen und keine Abweichungen zu tolerieren. Von vielen wird das Vertraute gesucht, und es hat positive Effekte, wenn alles in fest gefügten Bahnen läuft. Man hat gesehen, wie schwierig es schon war, das neue Gesangbuch einzuführen. Außerdem haben wir unsere Musiktradition, speziell in Deutschland. Dem Einsatz von modernen Stilmitteln begegnen viele doch eher skeptisch. Ich glaube, beim Gottesdienst muss man sehr vorsichtig sein. Andererseits haben wir Öffnung zugelassen im Hinblick auf Jugendgottesdienste und sonstige Veranstaltungen. Auf diesem Weg kann man sicherlich weitergehen. In Norddeutschland und in Nordrhein-Westfalen wurde ein Pop-Oratorium gezeigt – das wäre vor 20 Jahren undenkbar gewesen. Dass solche Dinge langfristig Einfluss nehmen auf die Musik im Gottesdienst, ist zu erwarten.

Wie schätzen Sie die Aussichten ein, dass wir 2020 Mitglied in der Arbeitsgemeinschaft christlicher Kirchen (ACK) sind? Und wie wird es weitergehen, wenn dieser Schritt getan ist?

Das hängt nicht von uns ab, insofern ist es schwer einzuschätzen. Ich bin eigentlich sehr zufrieden mit dem, was auf diesem Gebiet erreicht worden ist. Wir haben Kontakt auf verschiedenen Ebenen, insbesondere im Rahmen der ACK, mit anderen Kirchen, mit verschiedenen Gremien, und sind im Gespräch mit ihnen. Es hat sich gezeigt, dass dieser sachliche Austausch sehr gut für beide Seiten ist – auch für uns. Dadurch wird man aufmerksam, kann sachlich diskutieren, einordnen. Wir werden selbst manchmal nachdenklich bei dem einen oder anderen, können aber auch unsere Position darlegen und das Besondere des neuapostolischen Glaubens deutlich machen. Ein Beispiel: Das Entschlafenenwesen wird manchmal sehr skeptisch betrachtet. Inzwischen wächst bei dem einen oder anderen außerhalb unserer Kirche das Verständnis, dass

„Die Wirksamkeit des Heiligen Geistes brauchen wir, sie ersetzt aber nicht eigenes Bemühen.“

Wilhelm Leber

das eigentlich ganz sinnvoll ist und durchaus ein Element des Evangeliums sein kann. Also diese Gespräche waren fruchtbar und sinnvoll. Es ist richtig, dass wir die Gastmitgliedschaft in der ACK anstreben. Das würde bedeuten, dass wir weiterhin zusammenarbeiten können dort, wo es möglich ist. Wir wollen gern unsere Kraft mit einbringen, gemeinsame Dinge fördern, natürlich immer unter Wahrung des eigenen Profils. Wie es dann weitergeht, das wage ich nicht zu beurteilen.

Sie hatten zu Beginn gesagt, dass Sie sich größere Fortschritte gewünscht hätten im Zugehen auf andere apostolische Kirchen, insbesondere auf die VAG. Sehen Sie Möglichkeiten der Entwicklung in den nächsten Jahren?

Zweifellos. Die Gräben sind nicht so tief, als dass man sie nicht überwinden könnte. Ich schätze das so ein, dass die Tür nicht geschlossen ist. Es gibt regionale Kontakte, gerade in Nordrhein-Westfalen, die zuweilen sehr intensiv sind und harmonisch verlaufen. Insofern glaube ich schon, dass es noch Möglichkeiten gibt, aufeinander zuzugehen. Dies bedeutet nicht, dass wir fusionieren und zu gemeinsamen Glaubenslehren kommen oder zum gemeinsamen Gottesdienst. Das ist nicht das Ziel, sondern Annäherung in dem Sinne von Verständnis, von einem unbeschwerten Miteinander, von dem Ausräumen der Schwierigkeiten aus der Vergangenheit. Wir suchen unvoreingenommen die Versöhnung.

Stammapostel Fehr hatte die Vision, dass es einen neuapostolischen Fernsehsender gibt, der 24 Stunden am Tag christliches Programm ausstrahlt. Wird diese Vision 2020 Realität sein?

Ansätze sind da, zum Beispiel in Südafrika und in Süddeutschland, wo wir über einen Rundfunksender zu festen Zeiten „unser" Programm verbreiten. Ansätze dieser Art sollten wir unbedingt weiter verfolgen. Im Zeitalter des Internets und der Vielfalt, die damit verbunden ist, gibt es sicherlich erweiterte Möglichkeiten. Die Vorstellung, dass ein Sender 24 Stunden Themen rund um die Neuapostolische Kirche verbreitet, klingt zunächst ganz einfach. Was man aber über ein solches Medium macht, muss professionell sein. Einfach nur etwas produzieren mit hausbackenen Mitteln ist nicht ausreichend. Im Übrigen: Wir wollen die Leute ja nicht dahin bringen, dass sie NAK-TV anschauen, sondern wollen sie in die Gottesdienste bringen. Das ist unsere Zielsetzung. Kann das damit erreicht werden?

Wenn Sie eine Überschrift über Ihre Amtszeit setzen sollten, eine Kurzbeschreibung, wie Sie sich selbst gesehen haben – wie könnte dieser Satz lauten?

„Ein Mann des Ausgleichs" – ich glaube, das würde meine Art der Führung beschreiben. Ich habe versucht, einen Kurs der Mitte zu fahren. Ich denke, das ist nicht nur vom Evangelium her sinnvoll, sondern passt auch zu unserem Glaubensverständnis. Ob mir das immer gelungen ist, das mögen andere beantworten.

„‚Ein Mann des Ausgleichs‘ – ich glaube, das würde meine Art der Führung beschreiben. Ich habe versucht, einen Kurs der Mitte zu fahren. Ich denke, das ist nicht nur vom Evangelium her sinnvoll, sondern passt auch zu unserem Glaubensverständnis.“

Wilhelm Leber

Aus unserer Beobachtung haben Sie, um es mal in einem Bild zu sagen, Türen geöffnet, einen Blick hindurch machen lassen und die Tür dann wieder ein Stück zugehalten.

In gewisser Weise schon. Bei allen Schritten, die man tut, sind Erwartungen da. Alles wird interpretiert und entsprechend der Einstellung des Einzelnen auch kommuniziert. Da kommen tatsächlich Erwartungen auf, die weit hinausgehen über das, was man möchte und verantworten kann. Da muss man schon sehen, dass die Tür nicht unbegrenzt aufgeht, sondern ein Stückchen zubleibt. Das wurde oft unterschätzt, das habe ich auch erst lernen müssen, dass man die Geschwister mitnimmt. Mitnehmen bedeutet, dass man klarmacht: Es ist Öffnung da, aber es gibt eine Grenze. Das ist eine Herausforderung. Das bedeutet viel Erklärung. Die Zeit habe ich mir genommen. Das geht nicht, indem man einfach eine Anordnung trifft.

Beeindruckend war auch, wie gut Sie die Befindlichkeiten der Basis kennen.

Durch E-Mails, durch viele Kontakte merkt man sehr genau, wie die Geschwister denken. Es war aber immer mein Bestreben, jeden Einzelnen an die Hand zu nehmen und zu reagieren, damit er ein Feedback bekommt. Es ist immer schlecht, wenn etwas im luftleeren Raum bleibt. Beispielsweise erhielt ich kürzlich eine Zuschrift; da macht jemand seinem Unmut Luft mit sehr, sehr starken Worten. Ich frage mich dann: Wie soll ich darauf reagieren? Wenn ich nicht reagiere, fürchte ich, dass der Schreiber sich bestärkt fühlt und sagt: Dem habe ich es mal so richtig gezeigt. Also setze ich mich mit den Dingen auseinander. Ich habe ihm eine Antwort gegeben, die sinngemäß aussagt: So ganz sachlich ist Ihr Schreiben nicht. Ich will mich in meiner Antwort deswegen beschränken auf einige grundsätzliche Punkte, die hinter Ihren Aussagen stehen. Selbst bei dieser unangenehmen Art, in der er sich geäußert hat, möchte ich ihm signalisieren: Ich habe das ernst genommen, bin aber nicht zufrieden mit der Art, in der Sie Ihr Anliegen vorgebracht haben. Das geschieht immer unter dem Gesichtspunkt, zu helfen oder zu unterstützen.

Sie gehen nun in den Ruhestand. Wie werden Sie Ihren Nachfolger begleiten, unterstützen?

Ich werde noch in manchen Gremien mitarbeiten, zum Beispiel bei „Leitgedanken" und bin im Moment auch noch Mitglied der Koordinationsgruppe. Das wird aber alles weniger werden und allmählich auslaufen.

Wie kein anderer sind Sie in der Position zu beurteilen, wie das ist, wenn ein „Alt-Stammapostel" noch wegbegleitend da ist. Welche Erfahrungen haben Sie mit Stammapostel Fehr gemacht?

Stammapostel Fehr hat mich sehr unterstützt, ich habe mich immer sehr eng mit ihm verbunden gefühlt. Ich konnte da aufsetzen, wo er geendet hat, und habe manche Projekte weitergeführt. Sicherlich hat er sich hier und da auch mal kritisch geäußert, nachgefragt oder etwas angeregt. Stammapostel Fehr hat sich sehr loyal verhalten und mich sehr unterstützt. Die Nachricht von seinem Heimgang hat mich mit tiefer Traurigkeit erfüllt. Ein großer Apostel Jesu ist in die jenseitige Welt gezogen. Es wird mir unvergessen bleiben, wie ich mit ihm und seiner Frau an seinem Krankenbett – kurz vor Pfingsten – Heiliges Abendmahl gefeiert habe. Ich habe ihn bewundert, verehrt und geliebt.

Ihnen stand eine relativ geringe Zeit zur Einarbeitung zur Verfügung. Stammapostel Schneider konnte sich als Helfer auf den neuen Amtsauftrag einstellen.

Das ist richtig. Wir haben in den vergangenen Monaten vieles miteinander abgestimmt, er ist sehr stark einbezogen und informiert über alle Dinge. Das ist auch notwendig, denn das, was heute besprochen wird, muss ja von ihm getragen und gestützt werden. Insofern kann er gut seine Tätigkeit beginnen. Er ist ein Mann mit Übersicht und wird die Dinge weitertreiben und eigene Akzente setzen.

„Die Kirche ist und soll nicht deutsch sein, sie ist international ausgerichtet.“

Wilhelm Leber

Der Stammapostel und sein Helfer an Pfingsten 2012 in Köln

Argentinien 2009

Mainz 2012

Duisburg 2012

Bibelworte 2005–2013

Gottesdienstort	Bibelwort	Datum
Abidjan / Elfenbeinküste	Matthäus 10,28	14.02.10
Accra / Ghana	Markus 10,26.27	16.11.08
Acron, Ohio / USA	Hebräer 6,12	03.03.07
Almaty / Kasachstan	Psalm 57,10	01.10.06
Auckland / Neuseeland	Johannes 19,30	02.04.10
Augsburg / Deutschland	Apostelgeschichte 13,52	16.12.07
Augsburg / Deutschland	Epheser 4,25	12.05.13
Azoren / Portugal	Epheser 5,10	14.10.07
Bacolod / Philippinen	Psalm 34,9	04.07.10
Bad Arolsen / Deutschland	Jeremia 8,4	24.10.10
Bad Windsheim / Deutschland	Psalm 75,2	30.09.07
Baia Mare / Rumänien	1. Petrus 1,15	17.06.12
Bamako / Mali	Jeremia 1,18	09.10.11
Bangalore / Indien	Jakobus 4,8	21.02.10
Bangui / Zentralafrikanische Rep.	Lukas 5,31.32	17.11.07
Banjul / Gambia	Matthäus 6,20	08.12.07
Barcelona / Spanien	Matthäus 20,34	08.05.11
Barmbek / Deutschland	Psalm 11,7	25.07.12
Basel / Schweiz	2. Petrus 1,5.7	10.08.08
Bergkamen / Deutschland	Psalm 40,11.12	10.02.09
Berlin / Deutschland	Offenbarung 1,5.6	05.02.06
Berlin / Deutschland	1. Korinther 6,14	08.04.07
Berlin / Deutschland	Römer 1,16	10.06.07
Berlin / Deutschland	Epheser 1,16.17	11.05.08
Berlin / Deutschland	Lukas 23,42.43	10.04.09
Berlin / Deutschland	Lukas 9,60	01.01.10
Berlin / Deutschland	1. Petrus 4,6	07.11.10
Berlin / Deutschland	2. Korinther 2,9	10.07.11
Berlin / Deutschland	Matthäus 13,47.48	03.02.13
Bern / Schweiz	2. Thessalonicher 3,5	16.09.12
Bidar / Indien	Hebräer 11,24.25	03.02.08
Bielefeld / Deutschland	Psalm 84,6-8	27.10.11
Birmingham / England	Matthäus 24,40.41	18.06.06
Birmingham / England	Johannes 13,7	18.07.10
Bissau / Guinea-Bissau	Römer 15,18	23.10.09
Bissau / Guinea-Bissau	Apostelgeschichte 16,34	25.10.09
Böblingen / Deutschland	2. Timotheus 2,20.21	26.02.06
Bochum / Deutschland	Römer 15,13	20.12.09
Bogotá / Kolumbien	Hebräer 4,12	20.01.08
Bonaire / Antillen	Hiob 17,9	21.01.13
Bonn / Deutschland	Offenbarung 12,4.5	23.08.09
Bonn / Deutschland	Maleachi 3,18	26.06.05

Gottesdienstort	Bibelwort	Datum
Bordeaux / Frankreich	Psalm 18,30	01.01.08
Brandenburg / Deutschland	Epheser 5,20	02.10.11
Brasilia / Brasilien	2. Timotheus 2,1	10.10.10
Braunschweig / Deutschland	Markus 11,15.16	09.04.06
Braunschweig / Deutschland	1. Petrus 3,13	17.01.10
Brazzaville / Rep. Kongo	Matthäus 16,15.16	06.08.05
Bremen / Deutschland	Matthäus 25,13	27.11.05
Bremen / Deutschland	Lukas 2,13.14	25.12.07
Bremen / Deutschland	Titus 3,14	14.03.10
Bremen / Deutschland	Matthäus 1,22.23	25.12.12
Brjansk / Russland	Offenbarung 21,5	26.03.06
Buchholz / Deutschland	Römer 12,2	21.11.07
Buenos Aires / Argentinien	Jeremia 31,13	15.10.08
Buenos Aires / Argentinien	Johannes 8,29	29.08.09
Buenos Aires / Argentinien	Römer 16,19	20.03.11
Buenos Aires / Argentinien	2. Korinther 4,14	31.03.13
Buenos Aires / Argentinien	Matthäus 5,16	03.11.06
Buenos Aires / Argentinien	Jeremia 29,13.14	05.11.06
Bukarest / Rumänien	Lukas 18,8	14.09.08
Bülach / Schweiz	Matthäus 13,45.46	25.09.11
Buxtehude / Deutschland	Matthäus 5,8	28.04.13
Cabinda / Angola	Matthäus 10,38	09.07.09
Calgary / Kanada	Psalm 84,5	24.07.11
Camberley / England	Lukas 9,51	05.05.10
Castrop-Rauxel / Deutschland	Epheser 4,11.12	23.10.05
Cayenne / Franz. Guyana	Psalm 132,13	20.07.08
Chemnitz / Deutschland	Römer 12,2	27.01.08
Chiang Mai / Thailand	1. Korinther 3,16	25.04.08
Chisinau / Moldavien	Psalm 126,3	07.06.08
Chisinau / Moldavien	5. Mose 11,8	08.06.08
Choma / Sambia	Hiob 42,5	04.03.12
Cibubur / Indonesien	Matthäus 13,16	03.04.11
Cleveland / USA	Jesaja 58,9.10	04.03.07
Colombo / Sri Lanka	Johannes 3,30	22.11.09
Colonia / Uruguay	Jesaja 35,10	25.03.12
Cooper City / USA	2. Mose 33,12	27.02.07
Córdoba / Argentinien	1. Petrus 2,21	29.03.13
Cuxhaven / Deutschland	Galater 5,6	27.03.11
Daressalam / Tansania	Jesaja 65,18	11.11.07
Darmstadt / Deutschland	1. Thessalonicher 5,2.3	21.02.13
Davao / Philippinen	Sprüche 23,10	05.07.10
Davie / USA	Philipper 1,27	28.02.07

Gottesdienstort	Bibelwort	Datum
Delhi / Indien	Lukas 12,32	24.02.10
Depok / Indonesien	Johannes 15,11	01.04.11
Dessau / Deutschland	Psalm 89,9	17.08.08
Detroit / USA	Sacharja 1,3	05.09.10
Dhaka / Bangladesch	Jeremia 24,4.6	02.03.09
Dieburg / Deutschland	Kolosser 1,18	07.05.06
Dornhan / Deutschland	Lukas 19,9	01.07.12
Dortmund / Deutschland	Offenbarung 14,15	28.05.06
Dortmund / Deutschland	Hebräer 4,12	17.03.10
Drachten / Niederlande	2. Thessalonicher 3,3	21.04.13
Dresden / Deutschland	Psalm 7,18	04.10.09
Dresden / Deutschland	1. Korinther 2,12	12.06.11
Dübendorf / Schweiz	Johannes 2,11	29.09.10
Dublin / Irland	Lukas 12,40	17.07.10
Duisburg / Deutschland	Offenbarung 19,11	18.09.05
Duisburg / Deutschland	Psalm 35,18	07.10.12
Dunrobin / Südafrika	1. Mose 19,26	20.02.08
Durban / Südafrika	Daniel 6,7	05.08.12
Düsseldorf / Deutschland	Philipper 3,13	24.05.09
Düsseldorf / Deutschland	Johannes 11,25	01.09.11
Eberbach / Deutschland	1. Könige 22,5	19.09.10
Eberswalde / Deutschland	Römer 8,16.17	23.09.12
Effretikon / Schweiz	Johannes 8,31	28.09.11
Eindhoven / Niederlande	1. Korinther 12,7	22.03.09
Elmshorn / Deutschland	5. Mose 29,28	31.12.08
Embu / Kenia	Johannes 2,5	13.05.06
Emden / Deutschland	Kolosser 3,1	16.04.06
Erfurt / Deutschland	5. Mose 33,27	31.12.10
Erfurt / Deutschland	1. Chronik 28,20	02.01.11
Erie / USA	Johannes 17,4	17.05.12
Essen / Deutschland	Johannes 14,3.4	13.05.10
Estes Park, Colorado / USA	Psalm 119,18	22.07.07
Evreux / Frankreich	Psalm 115,13	14.01.07
Fellbach / Deutschland	Lukas 9,25	02.04.06
Fellbach / Deutschland	Sirach 1,33	16.12.06
Fellbach / Deutschland	Sprüche 24,16	04.02.07
Fellbach / Deutschland	1. Johannes 5,12	01.06.08
Fellbach / Deutschland	Sprüche 11,24	21.08.11
Fellbach / Deutschland	1. Thessalonicher 5,23	10.03.13
Flensburg / Deutschland	Epheser 3,14.16	19.02.06
Frankfurt a. M. / Deutschland	Jesaja 33,6	11.01.09
Frankfurt a. M. / Deutschland	Psalm 57,8	03.10.10

Gottesdienstort	Bibelwort	Datum
Frankfurt a. M. / Deutschland	Matthäus 10,7	30.09.12
Frauenfeld / Schweiz	Jesaja 63,7	31.12.11
Freetown / Sierra Leone	Apostelgeschichte 10,34.35	05.03.06
Freiburg / Deutschland	Hebräer 6,11	19.06.06
Freiburg / Deutschland	Kolosser 2,8	30.05.10
Freudenstadt / Deutschland	Hebräer 4,14	17.05.07
Friedberg / Deutschland	2. Timotheus 2,8	24.04.11
Fürstenfeldbruck / Deutschland	2. Petrus 3,17	18.11.12
Fürstenwalde / Deutschland	Epheser 1,18.19	19.12.10
Gaborone / Botswana	Römer 12,15.16	23.01.11
Gairo / Tansania	Matthäus 7,24.25	12.11.07
Gdansk / Polen	Philipper 3,14	15.07.07
Geesthacht / Deutschland	1. Korinther 1,18	02.11.08
Genf / Schweiz	Lukas 1,17	21.12.08
George / Südafrika	Matthäus 23,8	04.09.07
Gmunden / Österreich	Johannes 7,16.17	09.10.05
Goma / D. R. Kongo	1. Thessalonicher 5,8	26.02.08
Gondar bei Chipata / Sambia	Psalm 26,8	11.07.06
Göppingen / Deutschland	Hebräer 12,14	10.01.10
Görlitz / Deutschland	Matthäus 17,20	12.06.05
Gossau, SG / Schweiz	Kolosser 1,27	16.11.11
Götzis / Österreich	Jesaja 9,1	03.12.06
Graz / Österreich	Offenbarung 3,18	29.07.07
Greifswald / Deutschland	2. Korinther 5,15	22.04.11
Groningen / Niederlande	1. Könige 8,61	18.03.07
Haiphon / Vietnam	2. Korinther 12,10	21.02.11
Hamburg / Deutschland	Offenbarung 22,17	04.06.05
Hamburg / Deutschland	Jeremia 1,7	11.09.05
Hamburg / Deutschland	1. Thessalonicher 5,23	14.09.05
Hamburg / Deutschland	Matthäus 2,10.11	25.12.05
Hamburg / Deutschland	Lukas 19,41.42	01.04.07
Hamburg / Deutschland	1. Korinther 6,17	27.05.07
Hamburg / Deutschland	Daniel 1,8.9	09.09.07
Hamburg / Deutschland	Daniel 10,18.19	13.09.09
Hamburg / Deutschland	1. Korinther 15,58	05.12.10
Hamburg / Deutschland	Galater 2,20	25.12.11
Hamburg / Deutschland	2. Korinther 6,4.10	11.03.12
Hamburg / Deutschland	Lukas 24,49	19.05.13
Hamm / Deutschland	2. Korinther 5,1	21.09.09
Hamm / Deutschland	Nehemia 2,18	26.02.12
Hannover / Deutschland	Apostelgeschichte 1,11	25.05.06
Hannover / Deutschland	Jeremia 29, 13.14	04.11.07

Gottesdienstort	Bibelwort	Datum
Hannover / Deutschland	Lukas 2,15-17	25.12.08
Harare / Simbabwe	2. Thessalonicher 2,16.17	06.03.12
Hattingen / Deutschland	1. Korinther 2,1	10.02.13
Heiden / Deutschland	Apostelgeschichte 9,3-6	13.07.08
Heidenheim / Deutschland	Psalm 115,3	02.05.10
Herford / Deutschland	Galater 6,15.16	18.02.07
Herford / Deutschland	Epheser 6,14	01.01.13
Herne-Wanne-Eickel / Deutschland	1. Korinther 3,11-13	28.09.08
Herne-Wanne-Eickel / Deutschland	1. Johannes 5,5	21.03.10
Herne-Wanne-Eickel / Deutschland	2. Korinther 1,5	30.04.11
Herne-Wanne-Eickel / Deutschland	Jesaja 66,13	16.12.12
Herrenberg / Deutschland	Römer 15,5.6	15.11.09
Hildesheim / Deutschland	Matthäus 10,32	06.01.13
Hilversum / Niederlande	Matthäus 5,6	03.07.05
Hilversum / Niederlande	2. Korinther 4,7	06.08.06
Hilversum / Niederlande	Hesekiel 36,26	21.09.08
Hilversum / Niederlande	Johannes 12,23	28.03.10
Hilversum / Niederlande	Jeremia 17,7.8	18.01.11
Hilversum / Niederlande	2. Timotheus 2,5	15.05.11
Hyderabad / Indien	1. Könige 3,9	01.02.08
Hyderabad / Indien	1. Thessalonicher 3,9.10	07.03.11
Ilmenau / Deutschland	1. Korinther 10,12	07.01.07
Ilsan, Seoul / Südkorea	Matthäus 5,37	27.04.08
Iserlohn / Deutschland	Römer 6,4	12.04.09
Jaipur / Indien	2. Chronik 1,1	17.01.06
Jebel Ali / Dubai	Lukas 7,14.15	04.03.11
Jinja / Uganda	5. Mose 6,6.7	28.03.09
Johannesburg / Südafrika	Epheser 4,13	14.02.09
Johannesburg / Südafrika	Matthäus 25,14.15	25.01.11
Johannesburg / Südafrika	Matthäus 10,39	29.01.12
Johannesburg / Südafrika	Matthäus 25,21	21.03.12
Johannesburg / Südafrika	Lukas 4,42	19.09.12
Juba / Sudan	2. Samuel 3,1	25.11.12
Kaiserslautern / Deutschland	Römer 8,6	20.11.05
Kamensk-Uralski / Russland	1. Petrus 2,5	10.05.09
Kampala / Uganda	1. Korinther 1,9	29.03.09
Kamp-Lintfort / Deutschland	Apostelgeschichte 14,22	16.10.11
Kananga / D.R. Kongo	Sprüche 4,23	25.02.08
Kapstadt / Südafrika	Apostelgeschichte 4,31	04.06.06
Kapstadt / Südafrika	Hebräer 2,1	02.09.07
Kapstadt / Südafrika	2. Mose 34,29	17.02.08
Kapstadt / Südafrika	Johannes 1,51	18.02.08

Gottesdienstort	Bibelwort	Datum
Kapstadt / Südafrika	Johannes 15,14	05.04.09
Kapstadt / Südafrika	Apostelgeschichte 1,8	23.05.10
Kapstadt / Südafrika	Johannes 12,26	22.01.12
Kapstadt / Südafrika	Johannes 6,47	03.03.13
Karachi / Pakistan	Sprüche 10,28	09.12.12
Karlsruhe / Deutschland	Johannes 7,38	23.04.06
Karlsruhe / Deutschland	Johannes 17,3	21.01.07
Kasarani / Kenia	Johannes 5,24	07.03.10
Kassel / Deutschland	Hebräer 4,1	29.05.05
Kathmandu / Nepal	Matthäus 4,21.22	12.06.10
Katima Mulilo / Namibia	Matthäus 7,14	22.10.11
Kaunas / Litauen	1. Mose 24,56	28.04.07
Kempten / Deutschland	Römer 6,8	14.04.06
Kiel / Deutschland	1. Samuel 10,6	07.06.09
Kigali / Ruanda	Römer 8,35	13.02.11
Kimberley / Südafrika	Lukas 21,28	26.01.12
Kinshasa / D.R. Kongo	Johannes 6,28.29	07.08.05
Kinshasa / D.R. Kongo	1. Johannes 5,4	14.11.07
Kinshasa / D.R. Kongo	Römer 10,12.13	05.07.09
Kinshasa / D.R. Kongo	Matthäus 20,30.31	30.07.10
Kinshasa / D.R. Kongo	Johannes 10,14	01.08.10
Kisumu / Kenia	Hebräer 10,23	08.03.10
Kitchener / Kanada	Offenbarung 14,5	17.09.06
Kitchener / Kanada	Micha 4,5	28.10.07
Kitchener / Kanada	Epheser 3,19	21.11.10
Kitchener / Kanada	Apostelgeschichte 18,9.10	12.04.13
Kitwe / Sambia	Galater 6,7	30.10.10
Klagenfurt / Österreich	1. Petrus 5,7	15.07.12
Klaipeda / Litauen	Jesaja 26,4	25.06.06
Klaipeda / Litauen	Lukas 7,14.15	03.07.11
Knetzgau / Deutschland	Matthäus 13,11	19.11.06
Köln / Deutschland	Psalm 37,18	31.12.06
Köln / Deutschland	Psalm 51,14	01.01.07
Köln / Deutschland	Römer 8,16	27.05.12
Kolwezi / D.R. Kongo	Lukas 13,12.13	25.01.10
Königs Wusterhausen / Deutschland	Psalm 116,12.14	31.12.09
Konstanz / Deutschland	Römer 4,20.21	20.09.09
Kuala Lumpur / Malaysia	Hesekiel 44,23	07.07.12
Kuala Lumpur / Malaysia	Römer 8,31	08.07.12
Lae / Papua-Neuguinea	Johannes 12,36	11.12.11
Lahnau-Waldgirmes / Deutschland	1. Korinther 2,14	17.03.13
Lahore / Pakistan	Lukas 19,41.42	01.03.09

Gottesdienstort	Bibelwort	Datum
Lamezia / Italien	Psalm 119,82	19.04.09
Lampung / Indonesien	Kolosser 3,17	20.01.09
Landquart / Schweiz	Micha 7,7	01.01.12
Lausanne / Schweiz	2. Petrus 3,13	29.11.09
Lauta / Deutschland	2. Korinther 10,3.4	23.11.08
Leipzig / Deutschland	Hebräer 5,14	30.07.06
Leipzig / Deutschland	Offenbarung 2,19	12.09.10
Lenzburg / Schweiz	5. Mose 1,36	18.03.12
Leogane / Haiti	Apostelgeschichte 20,12	23.01.13
Likasi / D.R. Kongo	Johannes 14,12	11.06.12
Lilongwe / Malawi	Johannes 15,16	29.02.08
Lilongwe / Malawi	Offenbarung 1,17.18	02.03.08
Lima / Peru	Philipper 4,13	19.01.08
Limete / D.R. Kongo	2. Korinther 1,24	03.07.09
Linz / Österreich	1. Johannes 4,19	20.08.06
Lippstadt / Deutschland	2. Korinther 13,5	17.07.05
Lissabon / Portugal	Offenbarung 3,20	08.10.06
Lissabon / Portugal	Matthäus 22,11.12	09.11.08
Lissabon / Portugal	2. Petrus 3,18	24.06.12
Livingstone / Sambia	Lukas 22,32	05.12.08
Livingstone / Sambia	1. Korinther 15,51.52	07.12.08
Lomé / Togo	Römer 6,12	14.02.12
Los Angeles / USA	Matthäus 5,9	25.05.08
Luanda / Angola	Kolosser 4,17	29.11.08
Luanda / Angola	1. Johannes 1,5	30.11.08
Luanda / Angola	1. Thessalonicher 5,16-18	02.12.08
Luanda / Angola	Epheser 5,8	24.06.11
Lübeck / Deutschland	Jesaja 40,31	03.09.06
Lübeck / Deutschland	Johannes 8,36	12.08.12
Lubumbashi / D.R. Kongo	Sprüche 23,19	23.02.08
Lubumbashi / D.R. Kongo	1. Mose 15,1	24.01.10
Lubumbashi / D.R. Kongo	Apostelgeschichte 12,24	10.06.12
Ludwigshafen / Deutschland	Hebräer 5,8.9	11.02.07
Luena / Angola	Psalm 14,2	25.06.11
Lugano / Schweiz	1. Petrus 1,8.9	13.12.06
Lugano / Schweiz	Hebräer 13,16	28.10.12
Lüneburg / Deutschland	Lukas 2,15	25.12.10
Lusaka / Sambia	1. Korinther 1,4.5	09.07.06
Lusaka / Sambia	Matthäus 12,30	31.10.10
Luzern / Schweiz	Galater 3,3	07.02.10
Lviv / Ukraine	1. Korinther 3,9	14.04.07
Lviv / Ukraine	Offenbarung 2,10	15.04.07

Gottesdienstort	Bibelwort	Datum
Madeira / Portugal	Johannes 4,41.42	12.10.07
Madrid / Spanien	Matthäus 6,1	21.10.07
Madrid / Spanien	2. Thessalonicher 2,15	07.05.11
Magdeburg / Deutschland	Lukas 13,23.24	24.09.06
Magdeburg / Deutschland	Markus 13,37	01.02.09
Mailand / Italien	Lukas 16,10	29.01.06
Mainz / Deutschland	Lukas 22,46	06.04.12
Makati / Philippinen	Lukas 6,39	02.07.10
Málaga / Spanien	Johannes 3,5	06.05.11
Managua / Nicaragua	1. Johannes 3,7	25.04.09
Manila / Philippinen	Johannes 14,9	12.02.06
Mannheim / Deutschland	Lukas 24,5-7	23.03.08
Mannheim / Deutschland	Römer 6,5	08.04.12
Maprik / Papua-Neuguinea	Jesaja 40,3	10.12.11
Maputo / Mosambik	Jesaja 2,5	15.02.09
Maracay / Venezuela	1. Petrus 2,21	25.02.07
Maracay / Venezuela	Jesaja 45,22	31.07.11
Marburg / Deutschland	2. Petrus 1,19	10.12.06
Marburg / Deutschland	Psalm 28,7	29.10.09
Matadi / D.R. Kongo	Jeremia 17,14	02.08.10
Mbeya / Tansania	Lukas 8,46	13.08.11
Mbuji Mayi / D.R. Kongo	Apostelgeschichte 3,6	24.02.08
Meiningen / Deutschland	2.Timotheus 4,8	15.04.12
Melbourne / Australien	Philipper 3,10	04.04.10
Memmingen / Deutschland	1. Korinther 2,4.5	08.02.09
Merlebach / Frankreich	Jeremia 32,41	26.10.08
Merlebach / Frankreich	1. Thessalonicher 3,12.13	17.09.11
Merlebach / Frankreich	Lukas 12,40	02.12.12
Metz / Frankreich	Johannes 10,9	02.07.06
Metz / Frankreich	Psalm 119,166	18.09.11
Metz / Frankreich	Kolosser 3,24	02.01.13
Miami / USA	1. Petrus 2,21	28.02.07
Minden / Deutschland	Philipper 3,20.21	02.12.07
Minsk / Weißrussland	Lukas 8,18	20.06.10
Mocuba / Mosambik	1. Mose 28,15	15.02.09
Mombasa / Kenia	Johannes 9,39	19.02.12
Moskau / Russland	2. Timotheus 3,14	07.08.11
Mulhouse / Frankreich	Philipper 2,14.15	06.09.09
Mulhouse / Frankreich	Lukas 14,16.17	23.12.12
Mumbai / Indien	Philipper 1,6	15.01.06
München / Deutschland	Matthäus 10,32	16.09.12
Mwanza / Tansania	Jesaja 57,13	14.08.11

Gottesdienstort	Bibelwort	Datum
Nadi / Fidschi	2. Petrus 3,9	03.07.07
Näfels / Schweiz	Johannes 1,51	05.06.11
Nairobi / Kenia	1. Johannes 2,28	14.05.06
Natal / Brasilien	2. Könige 18,6	23.07.08
Nazareth / Israel	2. Korinther 4,17.18	14.10.12
N'Djamena / Tschad	1. Johannes 1,3	18.11.07
Nelspruit / Südafrika	1. Timotheus 6,12	16.07.06
Neubrandenburg / Deutschland	2. Korinther 3,12	08.01.06
Neuchâtel / Schweiz	1. Mose 5,24	24.06.07
Neumünster / Deutschland	Lukas 2,12	25.12.06
Neumünster / Deutschland	Jesaja 62,1	09.05.10
New York / USA	Hebräer 12,3	10.09.06
New York / USA	1. Johannes 5,18	12.10.08
Niagara / Kanada	Jeremia 20,9	17.08.12
Nischni Tagil / Russland	Galater 6,9	09.05.09
Nordhorn / Deutschland	Johannes 16,28	21.05.09
Nördlingen / Deutschland	Lukas 18,1	20.11.11
Nürnberg / Deutschland	Philipper 2,13	28.06.09
Nzérékoré / Guinea	1. Korinther 9,24	12.02.12
Oberhausen / Deutschland	Matthäus 4,21.22	16.06.07
Oberhausen / Deutschland	Matthäus 13,44	17.06.07
Oberhausen / Deutschland	2. Thessalonicher 1,4.5	18.06.07
Oberuzwil / Schweiz	1. Petrus 1,18.19	25.03.07
Ocna Mures / Rumänien	Lukas 11,28	16.06.12
Offenbach / Deutschland	Hebräer 10,24.25	23.12.07
Offenburg / Deutschland	Markus 16,19	02.06.11
Öhringen / Deutschland	Kolosser 3,1	09.05.13
Oldenburg / Deutschland	1. Timotheus 6,13.14	15.06.08
Olten / Schweiz	Markus 2,5	01.11.09
Omsk / Russland	Philipper 4,19	06.11.05
Oranienburg / Deutschland	Lukas 2,37	26.07.09
Osnabrück / Deutschland	Prediger 3,14	26.11.06
Ostermundigen / Schweiz	1. Petrus 1,6.7	19.03.06
Ostermundigen / Schweiz	Offenbarung 21,7	14.11.10
Ostermundigen / Schweiz	Apostelgeschichte 8,7.8	27.02.11
Ottawa / Kanada	Kolosser 1,12	13.09.06
Owerri / Nigeria	1. Johannes 1,7	03.12.05
Paderborn / Deutschland	1. Thessalonicher 3,2.3	17.07.11
Panama-City / Panama	Jesaja 12, 2.3	26.04.09
Pantufo / São Tomé e Príncipe	Epheser 4,1	27.01.07
Paramaribo / Suriname	Römer 12, 21	20.01.13
Paris / Frankreich	1. Könige 19,18	17.10.10

Gottesdienstort	Bibelwort	Datum
Pasewalk / Deutschland	Johannes 15,8	10.07.05
Pensa / Russland	2. Korinther 3,6	13.04.08
Perth / Australien	Johannes 11,25	06.04.10
Philadelphia / USA	Johannes 6,37	20.05.12
Phillipsthal / Deutschland	Kolosser 1,13.14	11.11.12
Phnom Penh / Kambodscha	Psalm 118,24.25	16.03.08
Phnom Penh / Kambodscha	Johannes 5,6	20.02.11
Pointe Noire / Rep. Kongo	Lukas 21,1-3	07.07.09
Pointe Noire / Rep. Kongo	Matthäus 21,14	10.07.09
Port Elisabeth / Südafrika	Johannes 17,24	07.08.12
Port Hartcourt / Nigeria	1. Thessalonicher 5,6	04.12.05
Port Loko / Sierra Leone	Lukas 12, 49	04.03.06
Porto Alegre / Brasilien	1. Timotheus 4,16	26.11.11
Porto Alegre / Brasilien	1. Petrus 5,8	27.11.11
Porto Novo / Benin	Lukas 1,68	12.12.10
Potsdam / Deutschland	Matthäus 21,10	01.04.12
Pretoria / Südafrika	Johannes 14,6	06.07.08
Punta del Este / Uruguay	1. Korinther 1,6.7	13.01.08
Quebec City / Kanada	Römer 15,29	28.08.05
Quelle / Deutschland	Psalm 103,2-4	03.06.07
Ravensburg / Deutschland	Psalm 106,1	31.12.05
Recife / Brasilien	1. Mose 19,17	04.11.12
Reutlingen / Deutschland	2. Petrus 1,4	17.12.06
Reutlingen / Deutschland	Offenbarung 22, 4	05.02.12
Riga / Lettland	1. Thessalonicher 5,2.3	29.04.07
Rio de Janeiro / Brasilien	Epheser 5,15	01.11.06
Rosemont bei Chicago / USA	2. Korinther 3,17	31.05.09
Ruhengeri / Ruanda	Jeremia 39,18	12.02.11
Rüsselsheim / Deutschland	2. Timotheus 1,7	22.06.08
Salzburg / Österreich	Jakobus 1,21	25.09.05
Salzburg / Österreich	2. Korinther 3,3	08.08.10
Sansibar / Tansania	Jesaja 40,29	10.11.07
Santa Cruz / Bolivien	Lukas 13,18.19	27.07.08
Santana / São Tomé e Príncipe	1. Thessalonicher 2,13	28.01.07
Santiago de Chile / Chile	1. Petrus 1,15	16.01.08
Santo Domingo / Dominik. Rep.	Matthäus 7,21	27.01.13
São Domingos / Guinea-Bissau	2. Mose 8,15	24.10.09
São Paulo / Brasilien	3. Mose 26,9	29.10.06
Saskatoon / Kanada	Matthäus 19,29.30	04.10.08
Saskatoon / Kanada	Psalm 66,5	05.10.08
Saurimo / Angola	Psalm 11,4.5	26.06.11
Schaffhausen / Schweiz	Offenbarung 19,9	30.10.05

Gottesdienstort	Bibelwort	Datum
Schönheide / Deutschland	Psalm 36,8.9	30.10.11
Schwäbisch Hall / Deutschland	2. Thessalonicher 2,1.2	13.11.05
Schwedt/Oder / Deutschland	2. Korinther 7,1	21.05.06
Schwerin / Deutschland	Johannes 10,10	25.12.09
Schwerin / Deutschland	Sprüche 3,7	29.04.12
Shenzhen / China	Kolosser 2,6.7	22.04.08
Siegen / Deutschland	Johannes 13,3	01.05.08
Siem Reap / Kambodscha	1. Korinther 15,10	14.06.10
Singen / Deutschland	Kolosser 3,16	03.05.09
Skopje / Mazedonien	Markus 12,17	19.07.09
Söllingen / Deutschland	Johannes 19,10.11	21.03.08
Solothurn-Zuchwil / Schweiz	Lukas 21,34	19.12.07
Soltau / Deutschland	Offenbarung 3,8	30.12.12
Sparow / Deutschland	Philipper 2,1.2	07.10.07
St. Catharines / Kanada	1. Johannes 3,22	18.08.12
St. Gallen / Schweiz	1. Petrus 2,1.2	08.03.09
St. Louis / USA	Amos 5,4	14.04.13
St. Petersburg / Russland	Lukas 9,16	20.10.12
St. Petersburg / Russland	Hiob 23,11	21.10.12
Stade / Deutschland	Offenbarung 1,4	01.01.09
Stendal / Deutschland	Jakobus 5,8	21.08.05
Stendal / Deutschland	Judas 20,21	08.01.12
Stockholm / Schweden	Matthäus 9,18	23.09.07
Straßburg / Frankreich	Lukas 10,42	22.01.06
Straßburg / Frankreich	Psalm 34,6	13.05.12
Stuttgart / Deutschland	1. Johannes 2,15	24.07.05
Stuttgart / Deutschland	Lukas 6,19	06.03.13
Sydney / Australien	Römer 15,1	30.06.07
Sydney / Australien	Johannes 10,9	01.07.07
Tama City / Japan	Lukas 8,16	06.06.10
Tartu / Estland	Jesaja 35,3.4	11.12.05
Thun / Schweiz	Hebräer 9,28	18.12.05
Tiflis / Georgien	1. Mose 22,18	10.07.10
Tijuana / Mexiko	Psalm 32,8	24.05.08
Tondern / Dänemark	1. Korinther 16,9	03.08.08
Toulouse / Frankreich	Apostelgeschichte 11,23	31.12.07
Trier / Deutschland	Matthäus 5,10	06.02.11
Tübingen / Deutschland	Hebräer 13,14	06.01.08
Tule / Indonesien	Jesaja 41,13	22.01.09
Udaipur/Rajasthan / Indien	Psalm 37,34	23.02.10
Uelzen / Deutschland	Lukas 23,46	06.04.07
Uelzen / Deutschland	2. Timotheus 2,19	18.10.09

Gottesdienstort	Bibelwort	Datum
Ushuaia / Feuerland	1. Johannes 3,18	07.11.06
Uster / Schweiz	5. Mose 28,2	05.05.13
Uyo / Nigeria	1. Korinther 16,13	05.12.05
Uyo / Nigeria	Lukas 6,44	18.11.08
Vanadzor / Armenien	Jakobus 2,17	11.07.10
Vancouver / Kanada	Epheser 4,23	27.09.09
Vavatenina / Madagaskar	1. Johannes 3,3	16.09.07
Velbert / Deutschland	2. Chronik 16,9	01.05.11
Veldhoven / Niederlande	2. Korinther 7,4	22.04.12
Vijayavada / Indien	Epheser 2,13	06.03.11
Völklingen / Deutschland	Habakuk 2,20	27.06.10
Waldkraiburg / Deutschland	Offenbarung 22,12	04.09.05
Waldshut / Deutschland	Matthäus 24,44	22.05.05
Wartenberg / Deutschland	Philipper 2,5	06.11.11
Wettingen-Baden / Schweiz	Kolosser 3,14	25.11.07
Wetzikon / Schweiz	Jesaja 48,17	22.11.06
Wien / Österreich	Offenbarung 3,15	11.10.09
Wiesbaden / Deutschland	Kolosser 2,1.2	12.03.06
Wiesbaden / Deutschland	Offenbarung 19,7	13.12.09
Wilhelmshaven / Deutschland	Hebräer 12,1	05.06.05
Wilhelmshaven / Deutschland	Sprüche 11,1	07.04.13
Windhoek / Namibia	Hebräer 4,11	23.10.11
Winnipeg / Kanada	Matthäus 16,24	26.07.11
Winterthur / Schweiz	Lukas 21,36	16.12.09
Wuppertal / Deutschland	Hebräer 3,12	30.03.08
Xi'an / China	Jeremia 31,33	08.06.10
Yangoon / Myanmar	Josua 1,9	14.03.08
Yangoon / Myanmar	Psalm 107,20	09.07.12
Yogyakarta / Indonesien	Matthäus 12,35	07.07.07
Yogyakarta / Indonesien	Johannes 17,15	08.07.07
Yogyakarta / Indonesien	Kolosser 1,28	18.01.09
Ziguinchor / Senegal	Lukas 8,40	09.12.07
Zürich / Schweiz	Daniel 12,3	19.10.05
Zürich / Schweiz	Psalm 3,9	01.01.06
Zürich / Schweiz	Hebräer 3,13	22.10.06
Zürich / Schweiz	Matthäus 28,16.17	06.04.08
Zürich / Schweiz	Daniel 2,20	15.07.09
Zürich / Schweiz	1. Timotheus 4,7.8	26.09.10
Zürich / Schweiz	Johannes 15,13.14	11.05.11

Der Verlag dankt idea e.V. für die Erteilung der Abdruckerlaubnis aus dem Interview mit dem Stammapostel in ideaSpektrum 25/2006 vom 21.06.2006, S. 17.

Bildnachweis

Wir bedanken uns bei den Bildautoren

Hermann Bethke, Marcel Bock, Mauricio Bolletta, Klaus Emmerling, Marcel Felde, Friedhard Frank, Dominik Georgi, Sedick Jappie, Peter Johanning, Horst-Dieter Kämpfer, Jessica Krämer, Gary Marszalek, Andreas Otto, Klaus-Peter Prengel, Björn Renz, Andreas Rother, Oliver Rütten, Werner Ruppe, Heino Sartor, Frank Schuldt, Jürgen Unger, Michael Voigt, Peter Wild, Hendrik Witt

sowie bei der Neuapostolischen Kirche International und den Neuapostolischen Kirchen Argentinien, Australien, Berlin-Brandenburg, Brasilien, Cape/Südafrika, D.R. Kongo-West, D.R. Kongo-Südost, Frankreich, Hessen/Rheinland-Pfalz/Saarland, Kanada, Mitteldeutschland, Norddeutschland, Nordrhein-Westfalen, Ostafrika, Sambia, Schweiz, Süddeutschland, Südostafrika, Südostasien und USA.

Detaillierte Nachweise auf Anfrage

Lektorat: Wolfgang Schuster
Redaktion: Peter Wild, Andreas Rother
Grafik: Bettina Neubauer
Gestaltung: Sepia Kommunikation gestalten, Mainz
Titelbilder: Marcel Felde (oben);
Michael Voigt, Jessica Krämer, NAK Cape/Südafrika, Marcel Felde, Hermann Bethke (unten v. l. n. r.)
Gesamtherstellung: Rautenberg Media & Print Verlag KG, 53840 Troisdorf

Best.-Nr. 231004
ISBN 978-3-943980-13-4

www.bischoff-verlag.de